APPRENDRE À ÊTRE HEUREUX

« Espaces libres »

APPRENDRE À ÊTRE HEUREUX

Sous la direction d'Alain Houziaux

Albin Michel

Albin Michel
▪ *Spiritualités* ▪

Collection « Espaces libres »
dirigée par Jean Mouttapa et Marc de Smedt

Sommaire

Présentation

par Alain Houziaux

Le présent recueil porte sur des thèmes qui sont à la charnière de la psychologie, de l'éthique et de la spiritualité. L'alliance de ces trois thématiques est très riche et évoque en chacun de nous des résonances profondes et intimes.

Les contributions de cet ouvrage reprennent la teneur de conférences organisées au temps de l'Église réformée de l'Étoile, à Paris, d'octobre à décembre 2001. Sur chacun des sept thèmes abordés, nous avons réuni des exposés de styles très différents. Et je crois pouvoir dire que les débats ont été d'une exceptionnelle richesse.

Ce qui me frappe, dans les contributions constituant ce recueil, c'est leur profonde humanité. *Humanité*, quel mot curieux ! Alors que l'on pense quelquefois que l'homme constitue le sommet et l'orgueil de la création, le mot « humanité », bien loin de désigner ce dont l'homme fait son orgueil, caractérise plutôt la faiblesse et l'acceptation de cette faiblesse. Simone Weil disait que « le péché, c'est la méconnaissance de la misère humaine. Et la sainteté, c'est le fait de la comprendre et même de l'aimer ». Certes, s'il en est ainsi, les divers auteurs de cet ouvrage ont témoigné non seulement d'humanité mais aussi d'une réelle sainteté ! Ce qui me frappe aussi, dans ce recueil, c'est que la voix des théologiens, et spécialement des théologiennes, se soit faite, elle aussi, si *humaine* et compréhensive. Comme s'ils avaient renoncé à être les hérauts de la Loi de Dieu (avec toutes ses exigences et ses interdits) pour être seulement les témoins d'une inconnue, celle de Dieu, et d'une miséricorde, celle du Christ.

Oui, Dieu pourrait sans doute être considéré comme une inconnue comparable à celle (désignée par la lettre *x*) que les mathématiciens utilisent dans leurs calculs. De même que *x* est indispensable pour faire évoluer les calculs et pour permettre des démonstrations, de même Dieu est peut-être l'inconnue qui seule permet de narrer la tragédie, l'espérance et la vérité des hommes. La vérité existe, mais elle n'existe que comme une inconnue dont Dieu seul détient le secret.

Et Jésus-Christ est peut-être, comme le dit Victor Hugo, cet *x* à quatre bras qui, dans une bénédiction poignante, embrasse le monde au prix de sa crucifixion. Il nous rappelle qu'en tout homme, quel qu'il soit, il y a une inconnue qui échappe à tous les jugements, à toutes les analyses et à toutes les condamnations.

Remercions vivement les participants qui ont accepté d'intervenir et qui nous ont donné la possibilité de publier leurs interventions.

INTRODUCTION

Apprendre à être heureux

par Alain Houziaux

La question : « Peut-on apprendre à être heureux ? » en pose en réalité deux : 1°) Qu'est-ce qu'être heureux ? 2°) Peut-on apprendre à être heureux ? – en d'autres termes : « Le bonheur peut-il être appris ? »

Première question, donc : qu'est-ce que le bonheur ? On peut considérer que nous sommes heureux lorsque nos désirs et nos inclinations sont satisfaits. Il est tentant de considérer que les désirs, les besoins et les aspirations de l'homme sont purement subjectifs et personnels. Et, dans ce cas, chacun aurait son propre idéal du bonheur et il n'y aurait pas de loi générale pour définir le bonheur, ni donc pour apprendre à être heureux.

Au contraire, d'autres penseurs, comme par exemple Erich Fromm, considèrent que de même qu'il y a des lois générales pour définir la bonne santé, il y a également des lois générales pour définir le bien-être et le bonheur. Dans ce cas, on pourrait apprendre à être heureux de la même manière qu'on peut apprendre à avoir une bonne santé.

On saisit la différence entre ces deux conceptions du bonheur. La première nous fait dire : « Je suis heureux à condition que j'obtienne tout le plaisir que je veux », la seconde nous fait dire : « Je suis heureux si j'obtiens, objectivement, ce qui est bon pour moi et me conduit au bien-être » ; dans ce cas il y a une sorte de diététique du bonheur.

Heureux ceux qui se mettent en marche

La notion de bonheur, au sens où on l'entend aujourd'hui, n'est pas directement présente dans la Bible. Les Béatitudes énoncent bien : « Heureux les pauvres, les handicapés, ceux qui pleurent... », mais il vaudrait mieux traduire, en se souvenant que les Béatitudes ont d'abord été énoncées en hébreu et en araméen : « Debout et en avant, vous les handicapés, car le Royaume de Dieu est pour vous [1]. »

Ce qui est dit, c'est que ceux qui se mettent en marche vers ce Royaume sont heureux. Ainsi le bonheur ne doit pas être considéré comme une béatitude, c'est-à-dire comme la satisfaction de tous les désirs, mais comme une dynamique et une activité : heureux êtes-vous si vous vous mettez debout et si vous vous mettez en marche. Ainsi, se mettre en

---

1. On a en effet retrouvé dans les écrits de Qumran de telles exhortations, et c'est sans doute elles qui ont constitué la matrice et le moule à partir desquels Jésus a énoncé ses propres Béatitudes.

marche, c'est déjà un bonheur. Le bonheur est donc dans le dynamisme et la vitalité, il n'est pas dans la quiétude béate, comblée, replète et satisfaite.

Ainsi, il faudrait renoncer à l'une et à l'autre des définitions du bonheur que nous avons données précédemment. Le bonheur n'est pas la satisfaction de tous les désirs, il n'est pas non plus le bien-être si le bien-être est considéré comme l'équivalent, au niveau psychique, de la bonne santé. Il est un ordre de marche.

Le bonheur : tiercé gagnant

Je vois trois conditions pour être heureux : se considérer comme étant sans aucun droit, savoir que l'on n'a rien à prouver et, enfin, ne pas avoir peur du temps.

Se considérer comme étant sans aucun droit

C'est vivre comme si rien n'était « normal », comme si rien ne nous était dû.

Simone Weil rapporte que lorsqu'elle était ouvrière, l'état d'esclavage dans lequel elle était alors lui avait fait perdre le sentiment d'avoir un droit quelconque, même celui de prendre l'autobus pour rentrer chez elle : « Comment, moi, je peux monter dans l'autobus au même titre que n'importe qui ! Quelle faveur extraordinaire[1] ! » Et c'est ce senti-

1. *La Condition ouvrière*, éd. Gallimard, 1951, p. 92.

ment que « tout est grâce » et « faveur extraordinaire » qui nous donne le bonheur.

Savoir que l'on n'a rien à prouver

Cela nous conduit au détachement et ce détachement est une forme de bonheur. En effet, seule une forme de détachement nous permet de saisir la beauté du monde et de la vie elle-même. C'est le sens du texte de Jésus sur les oiseaux du ciel et les lis des champs (Matthieu 6, 25-34). Alors que le souci nous agglutine aux mesquineries du monde, le détachement fait sentir la gratuité de la vie et par là même sa beauté. En fait, le bonheur est le sentiment de la beauté. J'ai de la joie qu'il y ait du soleil et qu'il brille tout à fait indépendamment de moi et, pourrait-on même ajouter, « pour rien ».

Je vous donne un exemple. Un jour, en me promenant sur les quais de la Seine, j'ai rencontré un vieux clochard. Je lui ai demandé :

« Que vous faudrait-il pour être heureux ?

– Mais, monsieur, je suis heureux. »

Moi, tout étonné, j'ai rétorqué :

« Sans blague, vous êtes heureux ? Mais pourquoi donc ?

– Je suis heureux parce qu'il fait beau et parce que je vois de jolies filles. Oui, je suis heureux et je remercie Dieu. »

Alors moi, croyant faire le malin, je lui dis : « Et lorsqu'il ne fait pas beau et lorsque vous êtes tout seul, vous êtes heureux ?

– Eh bien, lorsqu'il fait mauvais et qu'il n'y a pas

de jolies filles, je remercie Dieu de la même manière, comme si de rien n'était. Oui, je loue Dieu et je suis heureux comme ça, "pour rien", parce que c'est dans ma nature. Je n'ai jamais su ce qu'était un mauvais jour. Chaque jour je prends la vie comme elle se présente. Et chaque soir je lui dis : "Merci et à demain, si vous le voulez bien." »

Eh bien, oui, je le crois, le bonheur est à la portée de tous, de toutes les bourses et de toutes les santés. Le bonheur, c'est une forme d'insouciance, de dépréoccupation de soi. C'est une forme d'innocence.

Ne pas avoir peur du temps

Ce qui nous empêche d'être heureux, c'est souvent la conscience du temps et plus exactement de la longueur du temps. C'est le fait de prendre conscience que l'on a déjà fait dans le passé ce que l'on fait maintenant et qu'on le fera de nouveau dans l'avenir. Ce qui empêche le bonheur, c'est ce qui suscite en nous l'ennui, le sentiment de la monotonie et de la répétition. La prise de conscience de la longueur du temps nous effraie. « Le temps est long et il faut le meubler par des agissements », disait Samuel Beckett. Au contraire, le bonheur survient lorsque ce qui se propose à nous dans l'instant présent survient comme un hasard, un bon « heur », un bon hasard. Et le hasard ignore le temps. Ce qui advient par hasard advient toujours pour la première fois. Recevoir ce qui advient comme un bon « heur », un bon hasard, c'est le recevoir sans l'avoir désiré. C'est recevoir ce qui advient comme une grâce et une faveur. Et alors ce qui advient est reçu hors du temps, c'est-à-dire hors de la monotonie. C'est reçu avec bonheur.

Y a-t-il une pédagogie du bonheur ?

Le bonheur est enchantement, surprise et étonnement. Il est esprit d'enfance. Je ne sais pas si cela s'apprend. Il me semble que la notion d'apprentissage et celle de travail sur soi sont incompatibles avec celle de bonheur.

En revanche, si le bonheur est, comme je le pense, la persistance chez l'adulte de l'esprit d'enfance, le sens du bonheur peut se former dans l'enfance. Nous pouvons apprendre le bonheur à nos enfants en favorisant leur esprit d'enfance. « On peut sûrement prédisposer les petits enfants au bonheur par exemple en les faisant grandir dans une famille où l'on chante. Celui qui a un jardin intérieur tôt constitué possède un espace de liberté qui devrait pouvoir abriter le bonheur », a dit Jacques Peyron.

À l'âge adulte, je ne pense pas que l'on puisse apprendre à être heureux, par exemple par des exercices ou par une discipline. Mais on peut cependant découvrir que, pour être heureux, il faut accepter de ne pas être tout-puissant. Mais *découvrir*, ce n'est pas *apprendre*, c'est tout simplement *prendre conscience*. Prendre conscience que l'on n'est pas tout-puissant et que nos désirs ne peuvent pas tous se réaliser, cela peut vous conduire à une forme de bonheur.

« Mon Dieu, donnez-moi la sérénité d'accepter les choses que je ne peux changer, le courage de changer les choses que je peux changer et la sagesse d'en connaître la différence. »

Peut-on tirer profit de ses échecs ?

Les chances de l'échec

par Alain Houziaux

Il y a des échecs qui sont salutaires. Ils sont seulement une frustration par rapport à notre désir, et en particulier notre désir d'être tout-puissant. C'est tout à fait salutaire.

Si nous échouons à réaliser ce que nous désirons, c'est tant pis, et c'est aussi tant mieux. En effet, nous sommes ainsi placés, malgré nous, dans une situation qui n'est pas celle que nous avions voulue ou prévue. Et c'est alors que nous découvrons que « à quelque chose malheur est bon ». Il nous faut aller ailleurs, et c'est tant mieux.

Ainsi, il faut se réjouir lorsque tout à coup on est placé dans une situation que l'on n'avait pas prévue, même si on considère que c'est un échec par rapport à ce qu'on avait prévu et par rapport à ce qu'on avait désiré et souhaité. Être placé dans une situation nouvelle, même si cela nous contrarie, c'est être placé dans une situation où nous pourrons être une personne nouvelle.

Ce qui fait évoluer l'homme, c'est l'évolution des situations dans lesquelles il est placé. Ce n'est pas l'homme qui peut transformer les situations ou les structures, c'est le fait que les structures ou les situations changent et deviennent différentes et nouvelles qui fait évoluer l'homme et le rend différent et nouveau.

Il y a une autre forme d'échec salutaire. C'est l'échec qui survient lorsqu'on a voulu se placer dans une situation qui, de fait, ne nous convenait pas. L'échec est alors bienfaiteur. Dans un tel cas, on ne peut même pas dire : « À quelque chose malheur est bon » car, en fait, il n'y a pas de malheur. C'est une bonne chose que l'on ait échoué. D'ailleurs, ce qui montre bien que tout est pour le mieux, c'est qu'on est soulagé par le fait que cela n'ait pas marché. Cela se passe assez souvent comme cela dans la vie professionnelle (on échoue, et c'est tant mieux, dans les boulots qui ne nous conviennent pas) et même dans la vie amoureuse. Cela nous sert de leçon ; la prochaine fois nous ne nous jetterons pas dans la gueule du loup.

Les échecs dus à soi-même

Ainsi, on le voit, l'échec est bénéfique lorsqu'il nous oblige à « déménager » d'une situation qui n'est pas faite pour nous et qui ne nous convient pas.

Mais, nous le savons bien, nous subissons aussi des échecs qui sont dus non pas à la situation dans laquelle nous sommes, mais tout simplement à nous-mêmes. Ainsi, même dans des situations très différentes, nous subissons des échecs. Et ces échecs se ressemblent. Ils sont dus non pas à la situation mais à notre caractère, c'est-à-dire à nos caractéristiques propres.

Ainsi, si quelqu'un est de tempérament jaloux et possessif, cette jalousie et cette possessivité peuvent se manifester et susciter des échecs dans des situations très différentes : dans la vie professionnelle, dans les relations avec ses parents, dans les relations avec son compagnon ou sa compagne, dans les relations avec ses enfants, dans les relations avec ses amis. Et même si les types de situation sont très différents, les problèmes et les échecs se ressemblent.

Peut-on tirer profit des échecs dus à son caractère ? L'idéal serait de considérer qu'on peut se changer. Mais je ne pense pas que cela soit possible. Au contraire, il y a une forme de compulsion de répétition. L'échec entraîne d'autres échecs en série et en cascade. Le trait de caractère qui est la cause de l'échec peut même s'aggraver au fur et à mesure que les échecs dont il est la cause se succèdent et se répètent.

La vertu peut-elle s'apprendre ? Peut-on devenir un homme nouveau, une femme nouvelle, par apprentissage, c'est-à-dire par soi-même et par ses efforts, et par une forme d'exercice ? Toute la question est là.

Sur ce point, dans un premier temps, je suis sceptique. On peut bien sûr, par une forme de discipline, faire comme si on était devenu vertueux. On peut s'exercer à ne plus manifester de jalousie et de possessivité, par exemple. Mais, au fond de soi-même, on reste jaloux et possessif.

Ainsi, même si on s'exerce à ne plus être jaloux, on n'apprend pas pour autant la non-jalousie.

Mais il faut noter que « apprendre » a en fait deux sens différents : un sens actif (par exemple : « J'apprends l'allemand ») et un sens passif (« Le professeur m'apprend l'allemand »). Ainsi, même si on ne peut pas apprendre la vertu, il se pourrait que la vie, l'expérience, ou les échecs puissent nous apprendre la vertu, un peu dans le sens où l'on dit : « Cela lui apprendra ! »

La question qui se pose est celle-ci : le fait d'être lucide à propos de ses propres travers nous permet-il de nous en débarrasser ? Le fait d'avoir conscience de ses défauts nous permet-il de n'en être pas l'esclave ?

La réponse n'est pas simple. C'est tout l'enjeu des cures de psychanalyse. Suivre une psychanalyse nous rend souvent plus lucides sur nous-mêmes. Mais cette lucidité sur ces défauts en atténue-t-elle la force ? Nous purge-t-elle de ces défauts ? Ce n'est pas sûr, mais, au moins, le fait d'en être conscient nous permet de ne pas reporter la faute sur les autres. C'est déjà beaucoup et cela aide incontestablement à mieux accepter l'autre et aussi à mieux l'aimer. Quand on est conscient de ses propres défauts, on aime davantage l'autre parce qu'on lui est reconnaissant du fait qu'il est capable de les supporter.

Les échecs peuvent-ils nous apprendre l'humilité ?

Y a-t-il donc une vertu qui pourrait nous apprendre à accepter les échecs ? On est tenté de dire oui. La vertu que pourraient nous apprendre les échecs, c'est l'humilité. Tirer profit de ses échecs, ce serait apprendre (dans le sens passif) l'humilité.

Mais est-ce si sûr ? Les échecs nous humilient, mais nous rendent-ils pour autant humbles ? Est-il possible que l'humiliation puisse être convertie en humilité ?

Saint Bernard pensait que oui : « L'humble convertit l'humiliation en humilité [1]. » Mais notons que ce qu'écrit saint Bernard, c'est que l'humble (celui qui est déjà humble) convertit l'humiliation en humilité. Mais cela ne signifie pas que l'humilié puisse convertir l'humiliation en humilité.

---

1. *Sermones in cantica*, 34, cité *in* Vladimir Jankélévitch, *Traité des vertus*, éd. Bordas, 1949, p. 361.

L'ancien, le nouveau et la traversée de l'un à l'autre

par Jacques Arnould

4 juin 1996 : échec du premier lancement de la nouvelle fusée européenne *Ariane 5*. Je suis l'événement sur l'une des télévisions de la cafétéria du Centre spatial de Toulouse. La déception et la tristesse sont grandes parmi les membres du personnel qui m'entourent, pour l'essentiel des secrétaires et des personnes chargées de l'entretien. Apparemment plus grandes que celles des principaux dirigeants, réunis pour l'occasion dans un grand hôtel parisien : sans doute que, aux yeux de ces derniers, formés dans une culture de l'ingénieur, l'échec fait plus facilement partie des risques reconnus et acceptés.

Quoi qu'il en soit, une commission d'enquête est nommée : il convient de trouver les causes de l'échec, afin d'assurer un avenir à *Ariane 5* après le vol 501. Un souci qui n'aurait probablement pas existé en cas de succès...

Je ne pense pas que le pasteur Alain Houziaux m'ait invité pour vous faire part de cet épisode de l'aventure spatiale ! Peut-être avait-il plutôt à l'esprit mon statut de théologien, de représentant d'une tradition où toute réflexion, toute méditation sur l'échec croise inévitablement un autre récit, celui de la mort d'un homme, celui que ses contemporains appelaient Jésus, celui auquel ses fidèles ont donné le titre de Christ et de Fils de Dieu.

Dans une perspective assez analogue, d'ailleurs, on aurait pu également faire appel à un membre de la communauté juive, confronté quant à lui au défi de « concevoir Dieu après Auschwitz » (pour paraphraser le titre du livre de Hans Jonas).

D'*Ariane* à Auschwitz, en passant par le Golgotha, chacun à sa mesure, ces trois échecs remettent en cause la vision d'un monde désormais disparu. Celui d'une technique toute-puissante et éventuellement arrogante, dans le cas du « lanceur » européen. Celui d'un Dieu tout-puissant, pour ce qui concerne les deux « expériences » religieuses. « Désormais, entendons-nous souvent dire à la suite d'un échec, le monde ne sera plus comme avant. » Voilà une parole juste.

Dès lors, parler en termes de profit, comme d'ailleurs de perte, ne se limite pas à effectuer un calcul auquel les milieux financiers sont habitués. Il ne suffit pas de regarder de quel côté penche la balance (« Leonardo, écrit Vinci dans ses *Carnets*, pourquoi tant de peines ? »), mais il convient de se demander si, un monde s'en étant allé, un autre, un nouveau, peut émerger.

Il y a bien des manières d'aborder la thématique de l'ancien et du nouveau ! Je suis encore dans le domaine de mes compétences (non pas celles que je revendique, mais celles dont je suis chargé) si j'évoque la thématique des deux Alliances, ou encore des deux Testaments.

Le domaine de l'évolution du vivant, que j'aime également à parcourir, présente l'intérêt de ne pas user directement de ce langage, du moins dans le paradigme qui est aujourd'hui le sien : le temps des théories catastrophistes est révolu, qui expliquait les disparitions des organismes révélés dans les couches fossilifères par des phénomènes analogues au célèbre Déluge raconté par le livre de la Genèse. Je n'oublie pas non plus les deux Mondes, l'Ancien et le Nouveau : aux yeux des *Pilgrim Fathers*, le passage de l'un à l'autre prenait les allures d'un chemin de conversion, d'un parcours initiatique.

Ces trois exemples, dans leur diversité (y compris vis-à-vis de la vérité historique et scientifique), mettent en avant un point essentiel dans la manière de vivre l'échec et, éventuellement, d'en tirer profit : tout autant que la réalité d'un nouveau monde qui suivrait la disparition d'un ancien, c'est le processus de passage de l'ancien au nouveau qui importe. Paisible traversée ou voyage plein d'embûches, continuité sans rupture ou phénomène cataclysmique, lent réveil ou fulgurante résurrection : a priori, il n'y a que l'embarras du choix et, sans doute, aucune issue meilleure qu'une autre. Que nous reste-t-il alors pour juger d'un éventuel profit ? La seule réalité, me semble-t-il, d'une possible « traversée ». Je vais m'expliquer.

Dans mes pérégrinations intellectuelles, j'ai un jour rencontré la notion de MEP pour *Macro Engineering Project*. Ces projets se situent aux limites du savoir-faire et des ressources de leur temps ; leur réalisation est complexe, longue et onéreuse ; ils sont souvent le fait de visionnaires ou d'enthousiastes. Nous pouvons ainsi qualifier de MEPs la (mythique) tour de Babylone, les pyramides d'Égypte, les murailles de Chine, le *Titanic*, etc. Ces projets, il faut le reconnaître, n'ont pas toujours atteint leur objectif et ont le plus souvent rencontré l'échec. Pourquoi ? Parce qu'ils ne pouvaient franchir, traverser la frontière, la limite qu'ils s'étaient donnée. Et pour cause : est-il possible d'atteindre indemne les portes du ciel ou de la mort, de repousser les envahisseurs jusqu'à l'infini de l'espace et du temps, de se déplacer de plus en plus vite à la surface de notre planète ? Il est des frontières, des limites en forme d'horizon : elles s'éloignent au fur et à mesure que nous en approchons. Alors l'échec est presque inévitable, sans qu'aucun profit ne puisse être réalisé, sinon celui de l'école de la prudence.

Mais toutes les entreprises humaines ne se heurtent pas, si je puis dire, à de tels horizons infranchissables ; la traversée est possible, d'un ancien à un nouveau monde. Si du moins l'impulsion, le dynamisme, l'énergie *ad hoc* existent.

Dès lors, je dirais que tirer profit d'un échec nécessite la mise en œuvre de vertus. Loin de moi le projet d'introduire ici une dimension moralisatrice !

Si j'ose introduire ici la notion de vertu, c'est au sens où l'a définie Platon : l'aisance dans la marche puis le cours toujours libre de l'âme bonne, bref tout ce qui coule sans gêne et sans obstacle, une disposition préférable entre toutes. Ainsi comprise, la vertu est un effort, une tension, un courage pour agir bien, et peut-être même mieux. Elle ne se considère jamais comme étant parvenue au terme, à l'achèvement, mais plutôt comme étant toujours au commencement, à l'aube d'une possible nouveauté. Les vertus théologales [1] peuvent être comprises dans cette perspective.

Ainsi la foi invite-t-elle à dépasser l'échec d'une relation. En effet, la foi, a écrit un théologien, naît toujours d'une rencontre et y conduit. Croire en quelqu'un, c'est le rencontrer, s'en remettre à lui et lui faire confiance. Parce que je crois, je sors de moi-même, j'existe hors de moi-même pour me tourner vers l'autre qui devient ainsi un nouveau monde. La foi n'est pas seulement confiance, elle est confiance en quelqu'un.

L'espérance peut, elle aussi, être évoquée ici. On me demande parfois quelle est la différence entre l'espoir et l'espérance. J'aime à citer les paroles que Tristan Bernard a dites à sa femme, au moment d'être arrêté par la Gestapo : « Le temps de la peur est fini. Maintenant commence le temps de l'espoir. » La peur, c'est l'absence de nouveauté, d'horizon : la vie est comme arrêtée, bloquée sous l'effet

1. Autrement dit : la foi, l'espérance et la charité.

d'un malheur, d'un échec qui risque d'advenir. L'espoir, c'est la (ré) ouverture de l'histoire : demain est encore ou à nouveau possible, tout n'est pas définitivement perdu ou figé. L'espérance, c'est l'espoir fondé : l'avenir non seulement est ouvert, mais il est ouvert sur quelque chose, mieux encore sur quelqu'un. La véritable espérance ne peut naître que d'une promesse venue d'ailleurs. Et, pour le chrétien, l'espérance n'est jamais vaine, elle a même un visage, celui de Jésus-Christ. Rien à voir avec l'utopie qui risque toujours d'être un fantôme, une illusion bonne à faire rêver ou à faire oublier la réalité. Une fois encore, pour « tirer profit d'un échec », la réalité, celle de l'espace et celle du temps, ne doit pas être oubliée mais traversée.

L'amour, enfin. Paul écrivait dans sa première Épître aux Corinthiens : « Il ne reste que ces trois choses, la foi, l'espérance et la charité ; mais la plus grande d'entre elles, c'est l'amour. » L'amour ne passe pas ; mais il fait passer, sans cesse, de l'ancien au nouveau. Une seule image, si vous le permettez, pour éviter d'en dire trop et mal sur l'amour : celle de la Bien-Aimée, de l'Amante du Cantique des Cantiques. Elle ne tient pas en place ! Elle ne cesse de courir à travers les rues de la ville, à la recherche de son Bien-Aimé. L'amour empêche de rester en place, de se fixer dans un monde qui, sans cela, finira immanquablement par vieillir et par rencontrer le mur de l'échec.

Alors, peut-on tirer profit de ses échecs ? Oui, sans doute. Sinon, serions-nous ici pour en parler ? Ne l'oublions pas : nous appartenons à une espèce singulière au sein du monde des vivants ; une espèce dont les membres sont capables de se projeter dans l'avenir, d'imaginer d'autres mondes, d'autres temps. Autant dire que les échecs ne risquent pas seulement d'arrêter notre présent, celui que je qualifierai de biologique, celui que nous avons en commun avec les autres vivants. Les échecs touchent aussi le monde des possibles que nous nous forgeons, à partir de ce que nous savons et de ce que nous ne savons pas, en bons *sapiens sapiens* que nous sommes. Depuis des milliers, des millions d'années peut-être, l'être humain traverse pourtant les échecs, pour devenir ce qu'il est. Vertueusement, puis-je maintenant ajouter.

Le mystère de l'Incarnation, de la Passion et de la Résurrection du Christ, auquel je faisais référence en commençant, s'enracine dans ce terreau de la condition humaine, et peut-être nulle part ailleurs. Là seulement, je puis dire sans trop trembler : *Bienheureuse faute, bienheureux échec, qui nous valut un tel Sauveur !* Les vertus théologales trouvent dans cette confession leur aboutissement et leur origine.

GÉRARD MILLER : Vous avez évoqué la possible émergence d'un monde nouveau, non pas après la vie, ce qui est la moindre des choses pour un croyant, mais sur notre terre elle-même. Là, vous n'étiez pas sur le versant de la foi, mais plutôt sur celui de l'espoir. Pourtant, n'avez-vous jamais le sentiment que l'homme vit dans un monde inchangé depuis l'aube des temps et que ce monde est cruellement condamné à rester le même... à cause précisément de ce qui ne cesse d'insister chez l'homme ?

JACQUES ARNOULD : Je répondrai en tant que théologien. Qui suis-je pour juger de la nouveauté d'une espèce dans laquelle je suis moi-même ? Je ne suis pas comme Hamlet à regarder un crâne qui serait le mien !

Pourtant, votre question est essentielle et incontournable pour les théologiens de notre époque mais aussi pour nous les croyants, parce qu'elle entraîne notre propre position dans le monde aujourd'hui. Nous sommes en effet invités à repenser la possibilité d'une nouveauté au sein même de ce monde. Jusqu'au XXe siècle presque inclus, les croyants ont eu beaucoup de mal à penser la nouveauté, comme si la seule nouveauté ne pouvait venir que de Dieu seul, dans une espèce de nouvelle création radicale, et dans une discontinuité totale avec le monde au sein duquel se trouve plongée l'humanité, et dont on pourrait dire que rien n'y bouge. N'est-ce pas toujours le même homme auquel nous sommes confrontés ? C'est d'autant plus évident que, pour définir cet homme, nous choisissons des définitions qui nous sont immédiatement voisines.

Et puis voilà que depuis quelques dizaines d'années, une question perce dans ce monde, avec insistance : la nouvelle création, promise par Dieu, sera-t-elle seulement le fruit d'un déluge cataclysmique, ou s'inscrira-t-elle dans une certaine continuité ? Comment cela va-t-il se passer à la fin ? Certes, le débat est ancien, déjà les rabbins se posaient la question. Pour nous, il est essentiel, parce qu'il a des conséquences sur notre manière de nous investir dans ce monde. Si j'attends tout de Dieu, je peux tomber dans une forme de quiétisme ; si, au contraire, je considère que c'est à moi d'agir, je peux basculer dans l'activisme.

G. M. : Il me semble que l'homme est le même aujourd'hui que lorsqu'il jetait les chrétiens aux lions ! Bien sûr, la France républicaine du début du XXIe siècle, même si elle reste encore féroce pour beaucoup, est bien plus clémente que la Rome antique. Mais ce qui a progressé, ce n'est pas l'homme, ce sont les institutions dont il s'est doté, les discours dont il s'est entouré, c'est-à-dire tout ce qu'il a inventé pour se protéger de lui-même. Du coup, ne peut-on pas avoir le sentiment que, lorsque le symbolique n'est plus là pour l'encadrer, on retrouve ledit homme aussi impitoyable qu'il l'a toujours été pour ses semblables et pour lui-même ?

YSÉ TARDAN-MASQUELIER : L'actualité récente nous montre une évidence cruelle : l'homme intérieur n'a pas beaucoup évolué vers quelque chose de plus vertueux, ou de plus positif. Néanmoins, je pense que nous avons beaucoup changé par rapport à l'homme antique, dans notre manière de nous percevoir nous-mêmes et de percevoir le monde.

Les dieux aussi connaissent des échecs !

par Ysé Tardan-Masquelier

Le mot « échec » nous est venu d'Orient, du persan, au cours du XIIe siècle, tandis que le terme « échouer » apparaît au XVIe siècle chez Amyot. Cette origine étymologique nous renvoie à l'Inde, dont la langue de cour était le persan à l'époque moghole. Or, en Inde (comme en Égypte d'ailleurs, où l'on a retrouvé dans les tombes des jeux qui ressemblent au jeu d'échecs), les échecs sont fort anciennement connus. Ils apparaissent dans un contexte rituel. Jouer aux échecs, c'est jouer avec le destin.

Dans le *Mahâbhârata* (II, 57, 60, 62-65), la grande épopée indienne qui date des débuts de notre ère, Yudhishthira, le « Roi juste », fils du dieu Dharma, l'« Ordre du monde », joue toutes ses richesses, son royaume, ses frères, les Pândava, et leur épouse commune. Il les perd successivement contre Duryodhana, son cousin et adversaire qui représente les forces du mal et du désordre, et qui a une chance continuelle, insolente. Loin d'être un divertissement privé, la partie a lieu dans un espace public, sacralisé : la *sabhâ*, ou assemblée du roi des rois. Ce qu'exprime ce jeu, entre autres significations, c'est la victoire momentanée de l'imprévisible sur l'ordre. *Daiva*, le « destin », est changeant et peut se manifester comme contraire à l'action de l'homme de bien.

Une deuxième partie a lieu un peu plus tard dans le *Mahâbhârata* (II, 74-80). Cette fois encore Yudhishthira perd ; les Pândava doivent partir en exil dans la forêt, le lieu du désordre, opposé complémentaire de la société des hommes. Cet exil des Pândava a une signification cosmique : il inaugure le *kali yuga*[1], l'« âge sombre », le quatrième âge du monde qui marque sa déchéance avant le cataclysme final et sa régénération en un nouveau monde. Le *kali yuga* est un temps d'épreuves, de guerres et de conflits – en un mot, d'échecs. D'ailleurs, les quatre âges cosmiques de la tradition indienne, qui croit que le temps est cyclique, se nomment d'après les quatre coups du jeu : l'« âge d'or » ou premier *yuga* s'appelle du coup « gagnant », *krita* ; le second, d'un coup qui a moins de valeur, la « triade », *tretâ* ; le troisième, du coup à deux points, *dvâpara* ; le dernier enfin est symbolisé par le coup « perdant ».

Ainsi, la notion d'échec apparaît liée très anciennement à celle d'ordre et de désordre, de temps cyclique et de destin. Avant de devenir psychologique, elle s'inscrit d'abord dans un contexte cosmo-rituel.

---

1. De *kali*, « noir » et de *yuga*, « cycle ».

L'évolution de notre culture occidentale nous a habitués à lier l'idée de Dieu à celle de toute-puissance – du moins jusqu'à ce que le XXe siècle, en particulier avec la Shoah, vienne mettre en question de manière tragique ce lien qui paraissait évident. Or les religions sont remplies de récits d'échecs, des échecs humains, ce qui paraît somme toute assez naturel, mais aussi des échecs d'actions divines, ce qui paraît plus étonnant.

Quelques exemples choisis dans des univers très différents du nôtre : dans le mythe fondateur des Beti [1], le grand dieu Zamba s'en va imprudemment en voyage, laissant le « village » (le monde) vulnérable à la ruse d'Evu, une sorte de démon du désordre ; Evu en profite pour séduire une femme du village et le mal, la violence et la mort entrent dans cette société paradisiaque ; aussi, lorsque Zamba revient, il constate qu'il ne peut rien faire d'autre que s'en aller au ciel. L'échec du grand dieu signe ici la fin de l'intimité naturelle entre lui et les hommes, la rupture d'avec l'âge d'or et l'entrée dans l'histoire.

Chez les Dogons, le Dieu-Père Amma crée l'œuf originel et place des graines des êtres différenciés dans ce placenta qui est la Terre-Mère. Un premier « accouchement » prématuré est provoqué par Ogo, qui vole les graines et les sème lui-même dans le placenta de la Terre, créant ainsi l'univers terrestre à partir de ce qui est clairement présenté par le mythe comme un inceste avec la Terre-Mère. Lors d'un deuxième « accouchement », le jumeau d'Ogo,

1. Ethnie d'Afrique occidentale.

Nommo, s'offre en sacrifice pour purifier la Terre et de son démembrement proviendront toutes les espèces. Amma le rassemble ensuite, le ressuscite et lui donne la parole en récompense : il deviendra pour les humains le « maître de la parole » et l'« instructeur du monde ». Ogo, quant à lui, deviendra le « Renard pâle » ; Amma, pour le punir, lui a coupé le frein de la langue ; il ne peut donc parler, mais les devins dogons sauront interpréter les traces de pattes qu'il laisse sur son passage, et qui forment un réseau de signes silencieux mais porteurs de sens.

Les Mayas, eux, racontaient, d'après les récits mythiques recueillis par les premiers missionnaires, que les Engendreurs ont créé, en les méditant et en les nommant, des cerfs, des oiseaux, des jaguars, des pumas, des serpents, etc. Puis ils leur ordonnèrent de chanter leurs louanges. « Ils caquetèrent, mugirent, croassèrent », mais aucun ne put prononcer un mot, le nom de l'un des dieux. Alors les dieux recommencèrent la création : « Qu'on essaie encore ! Déjà s'approche la levée du jour, l'aurore [...]. Nous avons déjà fait une tentative avec nos premières œuvres, nos premières créatures, et cependant, nous n'avons pu obtenir d'être louangés et vénérés par elles. » Et cette deuxième fois, ils réussissent en créant les hommes doués de langage.

Ainsi, l'idée qu'il y a eu des « ratés » dans une première création, que les dieux, donc, sont faillibles ou maladroits, et qu'il leur faut en inventer une deuxième ou réparer la première, est une idée très répandue de par le monde.

Quel profit ? À vrai dire, les religions ne posent pas la question en termes éthiques ou économiques. Le « profit » à tirer d'un échec – si profit il y a, car l'échec véritable est cette situation dont on ne tire aucun avantage – consiste surtout à accepter les conséquences du passage de l'idéal à la réalité. Dans le mythe beti, la réalité c'est l'apparition du mal ; dans le mythe dogon, l'inceste primordial marque à jamais le monde terrestre d'un sceau d'imperfection ; dans le mythe maya, l'homme est défini comme être de parole, mais limité et soumis aux dieux, puisque la seule finalité de la parole est de les « louanger ». Et pour revenir au *Mahâbhârata*, le jeu d'échecs symbolise la transition de l'âge héroïque à notre âge de conflits. Le mythe représente la condition humaine comme le résultat de l'échec à maintenir une situation antérieure, paradisiaque, qui fait désormais figure d'irréel. Il dit la rupture, la chute, la déception au sens fort.

En même temps, il indique l'accès créateur à la réalité : l'acceptation de la mortalité, de la temporalité, des accidents de l'histoire permet aussi la naissance de la parole, la possibilité d'une régénération religieuse du monde par le sacrifice, comme chez les Dogons, ou par l'exil ascétique, dans le *Mahâbhârata*.

JACQUES ARNOULD : Pouvons-nous sortir par nous-mêmes d'une situation d'échec, ou bien avons-nous forcément besoin d'une intervention extérieure ? Je fais référence au fait qu'on pourrait considérer les religions comme un moyen de régler des échecs, comme si la référence à un Autre, même appelé Dieu, était nécessaire pour créer quelque chose de nouveau qui puisse nous sortir des situations d'échecs.

YSÉ TARDAN-MASQUELIER : On ne peut pas sortir soi-même d'une véritable situation d'échec. Il peut y avoir des échecs mineurs pour lesquels il peut y avoir une prise conscience relativement superficielle. Mais il est impossible de se tirer seul de l'échec, au sens profond que le mythe donne à ce mot. C'est même une des leçons du mythe : l'homme, jusqu'au tréfonds de sa conscience et de son inconscient, est désarmé pour s'en sortir par lui-même.

Mais pour répondre directement à la question, je dirai qu'on ne peut faire autrement que de tirer profit de ses échecs. L'échec, au sens presque métaphysique du terme, ou bien implique qu'il n'y ait plus personne pour le penser vraiment, ou bien implique son propre dépassement ! C'est aussi ce que les mythes nous disent.

Et si nous tenions à nos échecs ?

par Gérard Miller

La plupart des croyants ont des points communs, dont celui d'espérer que tout finit par servir à quelque chose. *Tout*, y compris ce qui nous indigne, ce qui nous fait souffrir, ce qui nous fait horreur. Et lorsqu'on leur pose la question : « Peut-on tirer profit de ses échecs ? », ils espèrent qu'on leur répondra « oui ».

C'est une sympathique perspective et je m'en voudrais de paraître pessimiste. Néanmoins, cet optimisme-là n'est pas sans rapport avec ce que les brutes et les tyrans ne cessent de répéter. À savoir qu'il faut attendre la fin de l'histoire pour que tout s'explique et rentre enfin dans l'ordre.

Ils l'affirment, « on ne fait pas d'omelette sans casser des œufs », façon de dire que le mal lui-même est au service du bien. Même si personne ne les mange jamais, ces omelettes, même s'il n'y a aucune chance que des œufs cassés à coups de marteau finissent par donner ne serait-ce qu'un semblant d'omelette, aucun souci à se faire : les lendemains finiront par chanter sur le fumier du crime !

Eh bien, pour ma part, je trouve singulier le présupposé de ce débat : que l'échec ne nous conviendrait pas et demanderait chaque fois qu'on le « dépasse ». Ce n'est pas sûr du tout !

Prenez la plupart des thèses de Freud, elles ne vont pas dans cette direction-là et c'est pourquoi, un siècle plus tard, elles sentent encore le soufre.

Comment se faire par exemple à l'idée que, contrairement à ce que nous croyons, nous ne voulons pas notre bien ? Recevant ses patients, constatant leurs souffrances, écoutant leurs plaintes, que découvre peu à peu Freud sinon qu'ils ne veulent pas guérir, qu'ils sont même étroitement solidaires de ce qui les fait souffrir, de leurs symptômes ?...

C'est une vérité insupportable, à laquelle Freud lui-même a mis du temps à se résoudre. Car il avait d'abord pensé que les êtres parlants que nous sommes obéissent au « principe du plaisir », que, fuyant la douleur, ils recherchent prioritairement l'équilibre, la moindre tension. Or c'est le contraire que la psychanalyse va lui confirmer... L'inconscient ne se manifeste pas par l'émergence du plaisir, mais bien plutôt par la souffrance, l'inconscient recherche la tension.

En effet, ce qu'il faut bien comprendre, c'est qu'il y a une grande différence entre ce qui est ressenti consciemment comme du plaisir et ce qui satisfait quelque chose au niveau de l'inconscient. Ce qui satisfait quelque chose au niveau de l'inconscient a même toutes les chances d'être ressenti comme déplaisant au niveau conscient. Pour la psychanalyse, la coupure entre le conscient et l'inconscient est radicale. Freud dira par exemple que le déplaisir ressenti par les névrosés, c'est... du plaisir qui ne peut pas être ressenti comme tel. Il ajoutera un peu plus tard que les termes de « plaisir » et de « déplaisir » ne conviennent d'ailleurs pas pour l'inconscient, car ce sont en fait des sentiments conscients. Ce que, des années plus tard, Jacques Lacan reprendra en faisant un sort au terme de « jouissance ». La jouissance inconsciente n'aura rien à voir avec le plaisir conscient La jouissance sera toujours synonyme de complication.

C'est là tout notre débat « Là où tu souffres, c'est peut-être là où tu jouis le plus », voilà ce que chacun risque d'entendre de la psychanalyse.

Il y a donc, chez l'être parlant, quelque chose qui se répète et relève de l'inéluctable... En tant qu'enseignant, je ne doute pas des vertus de l'éducation. Mais il faut néanmoins se faire à cette idée qu'il y a en nous quelque chose qui ne change pas et ne tire leçon de rien.

Les psychanalystes ne sont pas des juges ou des assureurs, ils n'établissent pas des responsabilités, ils ne répartissent pas les torts. Ils disent plutôt : dans des situations que chacun de nous pense seulement subir, nous sommes actifs. En fait, il s'agit de prendre au sérieux ce qui insiste dans notre vie, s'y répète.

Vous connaissez comme moi des hommes et des femmes dont toutes les relations avec leurs proches échouent de la même façon. Ici, c'est un bienfaiteur qui se voit chaque fois abandonné par ceux qu'il a comblés de bienfaits et qui, loin de lui en être reconnaissants, se révèlent à ses yeux des monstres d'ingratitude... Là, c'est un militant de n'importe quelle cause, qui se voue des mois durant à une idole pour la renier ensuite d'un coup et la remplacer aussitôt par une nouvelle divinité... Devant une telle persévérance, devant ce « retour éternel du même », comme disait Freud, vous hésiteriez naturellement à parler de hasard. Il s'agit là d'attitudes trop actives pour que les malheureux ne soient pas accusés d'y mettre du leur ! Mais, de fait, vous seriez beaucoup plus près d'« innocenter » votre semblable quand des événements se reproduisent dans sa vie, alors même qu'il semble se comporter passivement à leur égard, n'y être pour rien... Or les psychanalystes, eux, ne font pas a priori cette différence. Ils prennent d'abord acte de ce qui arrive à leur patient et pas à un autre.

J'ajouterai un dernier point sur lequel il me faut malheureusement insister, à savoir qu'on ne peut oublier cette part d'innommable qu'il y a en chacun. Le fascisme lui donne consistance, d'où la fascination qu'il exerce, et bien au-delà de ses partisans endoctrinés.

Vous avez évoqué Auschwitz comme quelque chose d'indépassable dans l'horreur. C'est vrai, et pourtant Auschwitz n'a servi à rien, n'a rien appris à personne. L'horreur n'est pas pédagogique.

Il faut accepter qu'on ne puisse « tirer profit » (quelle expression !) de tous ses échecs. Il faut accepter que, sur terre, il y ait de la perte pure. Et il faut avoir les yeux ouverts sur le pire, qui n'est pas derrière nous mais devant, pour avoir une petite chance de nous supporter les uns les autres.

Je crains parfois que la foi ne nous fasse baisser la garde, en nous faisant oublier que ce qui cloche dans le monde est finalement sans surprise. Et si nous dormions ? Si la réponse est oui, alors réveillons-nous !

YSÉ TARDAN-MASQUELIER : Ce que vous dites est très troublant, et en même temps très évident Pour vous, comment pourrait se passer l'articulation de l'individuel au collectif, et inversement ? Le collectif n'est pas la simple addition d'individus : donne-t-il une charge particulière au mal, y a-t-il un changement d'échelle ?

GÉRARD MILLER : Lacan disait : « Il n'y a d'espoir que du particulier. » Dans le cadre d'une cure, le patient vient avec le désir décidé de comprendre ce qui lui arrive, de changer. Il y a là quelque chose qui peut être situé comme un espoir, même si rien ne dit qu'il sera le moins du monde « comblé » par ce qu'il va découvrir.

Au niveau collectif, ce n'est pas seulement un changement d'échelle, d'abord parce que l'aveuglement est plus souvent qu'à son tour la règle... Aussi faut-il sans doute s'orienter sur des principes simples, à commencer par celui-ci : mettre la pédale douce sur les perspectives enthousiasmantes. Pour ma part, j'aime les hommes politiques qui n'en rajoutent pas sur les lendemains qui chantent, et qui la jouent plutôt modeste. Quand on dit d'un homme politique qu'il n'enthousiasme pas les foules, n'est-ce pas tant mieux, s'il fait par ailleurs ce qu'il a à faire ? ! Nul besoin qu'on rêve pour nous.

JACQUES ARNOULD : Votre avis est intéressant car il interroge les croyants sur leur position par rapport à l'histoire, à l'optimisme, au progrès... Mais je ne me reconnais pas dans votre description des croyants et de leur optimisme.

Dans l'histoire des idées religieuses et des enjeux théologiques, l'idée de progrès ne semble pas appartenir au régime chrétien, au moins jusqu'au XIXe siècle, pas plus que l'idée d'optimisme. Les croyants étaient dans un monde où les choses étaient fixées une fois pour toutes, et ils attendaient un autre monde, celui du Royaume de Dieu. Cette perspective leur suffisait. Les idées de progrès ou d'optimisme sont arrivées de l'extérieur, imposées par l'histoire. Les chrétiens les ont récupérées comme ils ont pu ! Certains auteurs ont théorisé sur l'optimisme chrétien, Teilhard de Chardin, Dominique Dubarle, Albert Schweitzer aussi je crois...

Aujourd'hui, les chrétiens ne professent pas non plus un optimisme béat et facile, parce qu'ils ne peuvent pas accepter certains échecs en disant qu'on en tirera quelque chose comme par un coup de baguette magique, au pire à la fin des temps où Dieu remettra tout cela en ordre... Pas du tout ! Ce que je suis, ce qui me fait vivre, me fait aussi refuser ce fonctionnement fataliste. Je sais que ce fatalisme existe, et je ne sais pas ce que Dieu en fera, c'est son problème ! Mais moi je ne dis pas : « Pas de problème, Dieu s'arrangera avec tout ça ! »

Nous parlions de la résurrection... La résurrection, ce n'est pas quelque chose d'assuré ; pour les chrétiens, c'est « Je crois en la résurrection », et ce n'est donc pas du tout évident. Déjà on ne sait pas très bien ce que c'est, mais y croire !

ALAIN HOUZIAUX : On définit souvent les protestants comme des pessimistes actifs. Que pensez-vous de cette définition ?

G. M. : Pessimiste actif, ça me va ! Le pessimisme qui est le mien ne m'empêche pas de prendre du plaisir et de vivre en bonne harmonie avec ceux qui m'entourent, mais il ne me lâche pas. C'est sans doute pour cela que plus le temps passe et plus je suis sensible à ce que chacun fait, ici et maintenant, sans se poser la question de savoir ce que les hommes ou Dieu lui-même accompliront plus tard comme prouesses. Même si on peut rêver de changer la société dans son ensemble, c'est bien d'être attentif à ce que chacun fait au moment précis où il doit le faire.

Y. T.-M. : Ce que vous dites éclaire encore plus la question que je posais tout à l'heure sur l'individuel et le collectif. Il me semble que l'humanité en tant qu'espèce répète sans cesse, alors que la rupture de la répétition viendrait de l'individu. En ce sens, la psychanalyse est une des disciplines contemporaines les plus importantes, puisqu'elle accompagne le travail de sortie des répétitions.

Débat

François Mauriac a écrit : « La vie ne vaut pas par ce qu'elle procure de réussite mais par ce qu'elle coûte d'effort. » En faisant des efforts, peut-on empêcher les échecs ?

JACQUES ARNOULD : Je dissocierai l'idée d'effort, qui ne me convient pas, de celle d'échec. Dans une certaine tradition catholique, on peut trouver une forme de plaisir dans l'échec avec une certaine complaisance dans la souffrance, qui nous ferait gagner ou mériter le paradis... Je n'arrive pas du tout à adhérer à cette perspective, et je rejoins ce que Gérard Miller a dit sur l'ici et maintenant. Par rapport à l'évolution des idées en théologie, il convient de redonner sens à l'*ici et maintenant*, même s'il ne se suffit pas à lui-même. C'est bien ici et maintenant que, comme croyant, je suis invité à vivre, face aux hommes et aux femmes de mon temps, face à Dieu, déjà là, dans ce présent, sans rêver de temps meilleurs ni d'un paradis, passé ou futur. Qu'est-ce que veut dire, aujourd'hui : « J'ai un Dieu sauveur » ? Nous sommes loin de la question de l'effort.

YSÉ TARDAN-MASQUELIER : Pour une indianiste, cette question apparaît comme typiquement occidentale ! Le fait même de la poser implique un Occidental, qui souhaite avoir la maîtrise totale de sa vie, ce qui n'est pas un mauvais projet, mais n'est en rien celui d'un Oriental. S'il y a une chose dont les Orientaux sont sûrs, c'est que l'échec vous échappe. Ils répondent donc non à la question posée ! Certains vont même plus loin : dans le taoïsme chinois, on dit qu'il faut épouser l'échec, le creux et sa profondeur.

GÉRARD MILLER : Même lorsqu'on y met du sien, les efforts n'empêchent pas les échecs. Prenez Œdipe, enfant abandonné, qui s'interroge sur son destin. Quand l'oracle lui annonce qu'il tuera son père et épousera sa mère, il s'enfuit, horrifié, le plus loin possible de ceux qu'il pense être ses parents. Et c'est en faisant précisément tout ce qui est en son pouvoir pour éviter que la prophétie ne s'accomplisse qu'il va croiser sur sa route son vrai père et le tuer, ainsi que sa vraie mère et l'épouser.

Le fait de suivre une cure psychanalytique peut-il éviter des échecs ?

G. M. : La psychanalyse permet surtout de comprendre avec quoi ou avec qui nous avons rendez-vous dans nos échecs. Ce n'est déjà pas si mal et cela permet parfois, en effet, que tel ou tel échec ne se renouvelle pas.

Marguerite Yourcenar a écrit : « Il y a un apaisement lorsqu'on découvre l'impuissance. » De la même manière, pourrait-on dire qu'il y a un apaisement lorsqu'on découvre l'échec ? Vient-il du fait qu'on découvre par là même qu'il y a un au-delà de l'échec, ou du fait que l'échec est un incontournable ?

Y. T.-M. : L'échec étant une réalité, il y a plus une acceptation de la réalité qu'un apaisement. Dans ce cas, beaucoup de spiritualités ou de sagesses disent que lorsque les êtres humains sont arrivés au bout de leur chute, il y a une rémission possible, avec un retournement de ce mouvement de chute en un mouvement qui peut être positif.

G. M. : Dans la névrose obsessionnelle, par exemple, on voit des gens tendre de toutes leurs forces vers un but et baisser les bras, dans une sorte d'apaisement étonnant, au moment précis où ils allaient enfin y arriver. Tout se passe comme si quelque chose réussissait pour eux... en ratant. À l'inverse, lorsque l'hystérique se confronte à l'impuissance ou à l'échec, en tout cas ceux de l'autre, c'est souvent la rage qui l'envahit.

Un divorce est-il un échec ? Y a-t-il une forme d'apaisement dans le divorce ?

G. M. : Quand un couple se sépare, on dit de ceux qui le composaient qu'ils ne s'entendaient plus. Peut-être est-ce l'inverse qui est exact. Peut-être qu'ils se séparent après avoir découvert sur quel malentendu reposait leur couple ! Vous voyez, se séparer n'est pas toujours une catastrophe si on arrive à surmonter la blessure narcissique qu'engendre la « perte » de sa moitié.

J. A. : Dans le prolongement de la réflexion sur la dépression, ce qu'on peut considérer comme l'échec suprême, c'est la mort ! Là, nous sommes tous concernés : comment nous situons-nous par rapport à ce qui est à la fois le propre de chacun et le propre de tous ? Nous sommes les premiers à mourir et c'est pourtant ce qu'il y a de plus commun. Face à sa propre mort comme face à la mort des autres, il y a tellement d'attitudes possibles !

Dans certains cas, la mort peut être un apaisement, pas seulement pour le défunt, mais aussi pour ceux qui sont autour de lui. Dans d'autres cas, elle a un caractère dramatique évident, et le drame se poursuit longtemps, avec des choses très lourdes à gérer.

C'est là que j'introduis à nouveau la notion d'horizon. Quand nous pouvons accomplir la traversée et passer à un monde différent, nous avons traversé l'échec, et la vie continue. Mais quand nous avons l'impression que l'horizon recule sans cesse, et que toujours nous sommes dans cet ancien monde qui n'en finit jamais, là l'échec devient très lourd. Cela peut être le cas de la mort d'un être cher, ou du départ de quelqu'un...

Jacques Arnould, quand un frère quitte votre ordre ou, de manière plus générale, quand quelqu'un perd la foi, considérez-vous cela comme un échec ?

J. A. : J'ai vécu plusieurs départs de frères de mon ordre. Certains de ces départs restent des échecs car la rupture n'a pas véritablement eu lieu. L'adieu n'a pas eu lieu, il est toujours à l'horizon. Pour d'autres frères, leur départ a été paisible ; nous nous sommes dit au revoir avant qu'ils ne passent la porte, symbole de l'appartenance.

Alain Houziaux : Autrement dit, il faut des rituels d'échec ? Je propose qu'on institue une cérémonie liturgique de divorce pour les gens qui ont vécu ensemble, qui ont fait des enfants ensemble. Ils viendraient ensemble avouer leur échec – si échec il y a –, demander pardon, et se souhaiter bonne chance !

Y a-t-il une évolution de l'idée d'échec dans l'histoire ? Se rapproche-t-elle de celle de « progrès » ?

Y. T.-M. : L'échec est représenté différemment suivant les cultures. Ce qui est considéré chez nous comme un échec social peut être considéré au contraire comme une réussite ailleurs. Dans la tradition indienne, par exemple, on a décidé que l'individu se perçoit à travers les quatre âges de sa vie. Le quatrième âge étant le plus âgé est celui qui a la valeur spirituelle la plus haute. Même si cette idée n'est pas absente en Occident, où l'idée de sagesse a pu et peut encore rimer avec vieillesse, néanmoins l'âge de la retraite est souvent vécu sur un mode proche de l'échec.

La notion de progrès a commencé à se développer un peu avant la Renaissance avec l'idée que l'humanité n'est pas statique et qu'elle doit, par sa raison, collaborer à ce mouvement vers un progrès, nouveau mythe qui, avec toutes les apparences de la science, remplace les anciens mythes religieux. Collectivement, nous avons aujourd'hui un certain sentiment d'échec vis-à-vis du Progrès, comme si la désillusion mettait en évidence que ce n'est qu'un mythe, précisément. Depuis le dernier quart du XXe siècle on s'aperçoit que, si progrès il y a dans certains domaines, ce qui fait problème c'est le progrès éthique, qui lui ne semble pas s'être véritablement accru.

« Accepter » ses échecs ne serait-il pas leur premier profit ? Cette idée est radicalisée par la philosophe Simone Weil qui écrit : « Le péché, c'est de méconnaître la misère humaine, et la sainteté c'est le fait de la comprendre et même de l'aimer. » Peut-on dire de la même manière que le péché c'est de refuser l'échec, et que la sainteté c'est de comprendre l'échec et même de l'aimer ?

J. A. : Je ne suis pas d'accord avec cette affirmation. Il ne s'agit pas d'aimer la misère humaine, pas plus que d'aimer l'échec humain. Il s'agit d'aimer l'homme, ou la femme, qui est dans la misère ou confronté à l'échec. Dans la tradition catholique on a pu inviter à aimer l'échec, la misère, la souffrance, presque pour eux-mêmes, en oubliant que des êtres souffraient. De même, nous ne pouvons pas aimer le péché ! Nous devons aimer le pécheur et désigner le péché : « Ça, c'est un péché, je le reconnais comme tel. » Là seulement, dans la foi, je pourrai voir où va se trouver un éventuel sauveur.

G. M. : Pour un psychanalyste, « accepter ses échecs », ce n'est pas s'en réjouir, ni se résigner. C'est plutôt se dire, là même où je souffre : « Ceci est l'œuvre de mes mains. » Il y a mille raisons d'en vouloir aux autres, à la société, de se plaindre de l'injustice du monde, mais à partir du moment où je fais une analyse, c'est pour me poser la question de savoir en quoi je suis actif dans ce qui m'arrive, y compris dans ce que je ressens comme l'incidence du désir de l'autre.

Comment s'aimer soi-même, ayant échoué ?

Y. T.-M. : Ce que nous venons de dire rejoint précisément les premiers enseignements du Bouddha : faire le constat de l'ombre et de la lumière en soi-même, et être capable de compassion à l'égard de soi-même. La compassion n'est pas quantifiable, c'est une attitude globale : on ne peut pas en avoir pour les autres sans en avoir pour soi-même et inversement. S'aimer soi-même tout en se reconnaissant capable d'ombre et de lumière, c'est le constat que fait le Bouddha et, dit-il, c'est par là que commence la sagesse.

Il emploie un mot sanscrit que nous traduisons par souffrance ou douleur. Ce terme désigne tout ce qui peut arriver de désagréable à l'être humain, et en particulier l'échec, quand il n'a pas de sens, et qu'il n'est ni compris, ni révélateur, ni médiateur.

La souffrance a-t-elle un sens ?

Que nous apprend la souffrance ?

par Alain Houziaux

Il nous faut mourir un jour ou l'autre. Cela, à la rigueur, je peux essayer de le comprendre et même de l'admettre. Mais voilà, il nous faut aussi souffrir, et ceci presque chaque jour. Et cela, même à la rigueur, je n'arrive ni à le comprendre ni à l'admettre. Oui, pourquoi souffrons-nous ? La souffrance, nous savons tous ce que c'est.

La douleur physique, d'abord. Elle nous submerge. Elle nous envahit. Elle devient une obsession. Elle nous ôte toute volonté, tout courage.

Et il y a aussi la souffrance de se voir vieillir et de devenir sourd, incontinent, ankylosé, incapable... Misérable et inutile. Cette souffrance-là, aucun de nous ne l'acceptera jamais.

Et il y a aussi la souffrance de se voir incompris, mal jugé, méprisé, rembarré, abandonné. La souffrance de s'être trouvé ridicule. D'avoir été jugé ridicule. Oui, les souffrances d'amour-propre sont souvent pires que les souffrances d'amour. Et elles sont d'autant plus pénibles que nous avons des difficultés à les avouer.

Et puis il y a aussi ces souffrances lancinantes qui durent toute une vie. Les femmes qui n'ont jamais été jolies. Les hommes qui n'ont jamais su séduire. Tous ceux qui vivent leur vie conjugale comme un ennui ou comme un calvaire. Et tous ceux qui ruminent sans fin parce qu'ils n'ont jamais accepté leur solitude ou leurs échecs.

Oui, sur tout cela, les pasteurs et les prêtres ne disent pas grand-chose. Et pour cause ! Ils se heurtent tous à la même terrible question : est-ce Dieu qui veut nos souffrances ? Si Dieu est tout-puissant, si tout dépend de sa volonté, c'est donc lui qui veut nos souffrances. Pourquoi ?

Pour tenter d'expliquer ce scandale, certains pasteurs et certains prêtres se hasardent à dire que les souffrances, ce sont des épreuves que Dieu nous envoie. C'est d'ailleurs le message du Livre de Job. Dieu envoie des épreuves à ce pauvre malheureux Job. Il lui retire ses enfants, ses troupeaux et ses biens. Et pourquoi donc ? Pour tester sa fidélité et sa foi ! Pour voir si Job va quand même continuer à croire en lui, pour rien, sans raison, contre toute raison même s'il lui envoie des épreuves, des souffrances, des tentations de le renier. Oui, voilà l'explication traditionnelle de la souffrance : ce sont des épreuves qui doivent nous apprendre à avoir une foi à toute épreuve.

Personnellement, je l'avoue, je trouve inacceptable cette idée que Dieu pourrait nous envoyer successivement cancer, divorce, suicide d'un de nos enfants, etc., et tout cela pour savoir si, malgré tout, nous continuerons à aller à l'église le dimanche suivant pour chanter : « Je louerai l'Éternel » ou bien : « Compte les bienfaits de Dieu. » Je le dis tout net : je ne le crois pas. Non, je ne crois pas que Dieu nous envoie des épreuves. Non, les souffrances qui nous tombent dessus ne sont pas voulues par Dieu.

Mais, dans ce cas, une question se pose : pourquoi Dieu ne les empêche-t-il pas, ces souffrances, s'il est tout-puissant ? Je pense que Dieu ne les empêche pas parce qu'il ne peut pas les empêcher. Je m'explique.

Dieu, c'est la force de la vie. Mais, Dieu, cette force de la vie et des résurrections, elle ne peut pas empêcher qu'il y ait des microbes, des cataclysmes, des rages de dent et des camps de concentration. Certes, Dieu est tout-puissant, mais le propre de la toute-puissance de Dieu, ce n'est pas de pouvoir empêcher les maladies, les souffrances ni même le péché des hommes, c'est de pouvoir susciter et ressusciter la vie, l'amour et même le rire et la joie en dépit des maladies, des souffrances et du péché des hommes.

Rappelons-nous cette histoire dont on a fait un grand film *Le Train*. Dans un wagon qui roule vers les camps de la mort, en 1942, il y a une femme et un homme. Chacun est comme recroquevillé sur son histoire, sur ses souvenirs et sur son malheur. Et pourtant, miracle, un amour naît, un amour de passion et de feu, un amour qui est plus fort que la guerre, la mort, les conflits de classe et de pays. C'est cela, la puissance de Dieu. C'est ce que disait le pasteur Charles Wagner : « Dieu ne préserve pas l'homme de la foudre, il préserve l'homme foudroyé. »

Mais, je ne veux pas biaiser avec la question posée : la souffrance peut-elle avoir un sens ?

Les protestants, en général, refusent tout sens spirituel à la souffrance et toute utilité à la souffrance. Mais à mon avis, ils ont tort. Et ce, pour trois raisons au moins :

1°) La souffrance nous apprend à être plus humble, plus miséricordieux et plus tolérant vis-à-vis d'autrui. Quand on n'a jamais souffert, on ne sait pas ce que c'est d'être faible, médiocre, et même égoïste, aigri. Mais quand on est passé par la souffrance, on le sait parce qu'on a été soi-même égoïste, aigri, faible et impuissant. C'est alors qu'on apprend à devenir humble, humble vis-à-vis de soi-même et compréhensif vis-à-vis d'autrui. C'est l'expérience de la souffrance qui rabote notre ego, nos jugements tout faits et trop rapides. C'est l'expérience de la souffrance, et même celle du péché qui nous rend humains et qui nous fait perdre notre dureté.

Quand on recrute des écoutants pour SOS Amitié, c'est-à-dire des personnes pour répondre aux appels téléphoniques des désespérés, on ne recherche pas des saints, des êtres irréprochables et vertueux. On recherche seulement des personnes qui ont beaucoup souffert et peut-être beaucoup péché.

Oui, la seule vérité de l'homme, c'est celle de sa médiocrité et de sa faiblesse. C'est celle de sa souffrance. Et c'est cette faiblesse et cette souffrance qu'il faut comprendre et même aimer. C'est ce que disait la philosophe Simone Weil : « Le péché, c'est la méconnaissance de la misère humaine. Et la sainteté, c'est le fait de la comprendre et même de l'aimer. »

2°) Contrairement à ce que l'on pense souvent, les épreuves ne nous font pas perdre nos convictions. Bien au contraire, elles les rendent plus vraies, plus fortes et je dirais plus insubmersibles. Ceux qui sont passés par les camps de prisonniers n'ont pas perdu leurs convictions mais ont découvert des convictions plus sûres et plus résistantes. Le philosophe Cioran le disait : « Tant qu'on n'a pas souffert, on vit souvent dans le faux et dans le faux-semblant ». On triche, on fait semblant d'avoir des convictions que l'on n'a pas vraiment. Par contre, lorsqu'on souffre, on découvre, comme le dit Jésus, « l'unique nécessaire » (Luc 10, 43), c'est-à-dire ce qui compte vraiment, ce qui nous est vraiment indispensable. Oui, il vaut mieux croire peu mais bon et sûr.

Ce qui compte vraiment, ce qui maintient en nous la vie et le courage, c'est différent pour chacun de nous. Cela peut être le nom d'une femme, d'un village, d'un enfant Cela peut être un mot d'ordre que nous ont laissé nos parents. Cela peut être aussi un verset de la Bible.

Pour moi, ce qui est mon roc et mon soutien lorsque, à force de souffrance, de solitude et de dépit, je n'ai plus rien de sûr à quoi me raccrocher, c'est la force tranquille de cette affirmation de saint

Paul : « Rien ne pourra te séparer de l'amour de Dieu manifesté en Jésus-Christ » (Rom 8, 38). Oui, sur notre lit de souffrance, nous sommes aimés tels que nous sommes. Nous sommes acceptés tels que nous sommes, et même si, à cause de la souffrance, nous nous sentons devenir inacceptables et insupportables pour les autres et pour nous-mêmes. Nous n'avons pas à justifier notre vie. Nous n'avons pas à mériter notre vie. Nous avons le droit d'être aigres. Nous avons le droit d'être faibles. Nous avons le droit d'être inutiles. Nous avons le droit d'être ce que nous sommes. Et nous avons ce droit par grâce, par grâce seule. C'est le droit que Dieu nous fait dans sa grâce.

Oui, c'est la souffrance qui nous fait redécouvrir le sens de l'affirmation de saint Paul et de Luther : « Quoi qu'il arrive, notre vie est justifiée, et cela par grâce seule. »

3°) Lorsque nous ferons le bilan de notre vie, nous découvrirons peut-être que les moments qui ont le plus compté pour nous sont les moments où nous avons souffert. J'ai toujours été frappé par ces anciens combattants qui, au soir de leur vie, reprennent inlassablement le récit des moments qu'ils ont vécus dans les tranchées, dans la peur, dans la boue, dans les privations. On dit quelquefois que ce sont les souffrances qui font un homme. Je dirais aussi bien que ce sont les souffrances qui font une vie, une vrai vie.

Vivre la vie, c'est éprouver la vie. Oui, *éprouver*

– quel mot curieux. On dit de la même manière éprouver de la joie et éprouver de la souffrance. Comme si la vraie vie, la vie pleinement vécue, était toujours une forme d'épreuve, c'est-à-dire quelque chose qui vous marque et que l'on ressent dans sa chair, dans son âme et dans son cœur.

Oui, heureux celui qui, au soir de sa vie, pourra vraiment dire, comme les Béatitudes : « Heureux je suis car j'ai su ce que c'est que pleurer. Heureux je suis car j'ai su ce que c'est que d'avoir les entrailles lacérées par l'émotion. Heureux je suis car j'ai su ce que c'est que souffrir d'amour. Heureux je suis car ainsi j'ai éprouvé la vie. Et j'en rends grâce. »

Oui, c'est vrai, on ne parvient à la louange et au désir de rendre grâce que lorsqu'on se retrouve vivant, encore vivant, après avoir connu les tranchées de la guerre et les brûlures de la vie.

Et c'est sans doute ce que voulait dire Antonin Artaud, ce poète à qui aucune souffrance n'a été épargnée. Il a écrit : « On ne parvient à Dieu qu'après avoir traversé un déchirement et une angoisse. » On ne parvient à Dieu que lorsqu'on a été retourné comme on retourne un gant. On ne parvient à Dieu que si l'on a été mis à vif. On ne parvient à Dieu qu'une fois que l'on a été « renversé » de l'autre côté de sa croix.

Ainsi, j'ai tenté de vous le dire, il n'y a aucune explication à la souffrance, aucune justification de la souffrance. Mais la souffrance nous permet de découvrir ce qui compte vraiment. Elle nous rend humble. Elle nous fait découvrir l'unique nécessaire. Elle nous fait éprouver la force et la densité de la vie.

Pour finir, on pourrait penser qu'il aurait été plus réconfortant pour nous d'avoir pour exemple et pour modèle un Jésus-Christ qui nous montrerait comment on peut dépasser la souffrance, la sublimer et même la supprimer. Mais, c'est vrai, Jésus-Christ a vaincu la mort, mais nul ne peut dire qu'il a vaincu la souffrance. Les Évangiles ne nous présentent pas Jésus, assis dans la position du lotus, serein et apaisé, en lévitation au-dessus des douleurs et des cancers de toutes sortes. Même ressuscité, Jésus avait encore dans son flanc la marque du coup de lance qu'il avait reçu lorsqu'il était sur la croix (Jean 20, 27).

Et pourtant, ce qui me frappe, c'est que ce Jésus-Christ est devenu le compagnon et la consolation de ceux qui souffrent. Et il l'est devenu justement à cause de sa souffrance. Pourquoi ?

Ce qui me frappe aussi, c'est que c'est dans les pays les plus pauvres et les plus souffrants que l'on rencontre le plus de représentations de la passion du Christ telles que des calvaires ou des chemins de croix. Pourquoi ?

À ces questions, je voudrais hasarder une réponse, bien incertaine, j'en conviens.

Lorsque Luther rendait visite à un malade sur son grabat de souffrance, il ne lui prêchait pas la bonne parole. Il se couchait sur le lit du malade, tout proche du malade et ainsi, en silence, il communiait à sa faiblesse, à son impuissance et à sa souffrance. Il se mettait à son niveau, dans sa peau. Et il lui faisait chaud. Et pour le malade, cette chaleur, cette proximité, c'était cela son secours et son soutien. Tout le reste n'aurait été qu'un prêchi-prêcha illusoire.

Luther a su prendre exemple sur Jésus-Christ.

Jésus-Christ n'a pas prêché sur nos souffrances. Il s'est mis dans nos souffrances. Comme le dit l'Écriture, il a porté nos souffrances (Ésaïe 53, 4). Et ainsi, il nous porte dans nos souffrances.

Si Jésus-Christ est devenu l'exemple et la consolation de tous ceux qui souffrent, c'est parce qu'il a porté dans sa chair et dans son sang la même souffrance que ceux qui souffrent. Il s'en est rendu solidaire. Il est rentré dans notre peau.

Oui, il est rentré dans la peau de la souffrance. Il n'est pas rentré dans la peau d'un gourou guérisseur. Il n'est pas rentré dans la peau d'un monsieur J'ai-réponse-à-tout. Il s'est mis dans la peau de ceux qui souffrent sans savoir pourquoi. Dieu, en Jésus-Christ, a fait son lit dans le lit des hommes. Il a fait sa croix sur la croix des hommes. Un point c'est tout [1].

---

1. Ce texte est issu d'une prédication donnée sur France Culture, qui a déjà été publiée dans mon ouvrage *La Lassitude, le Courage et la Confiance*, éd. de l'Atelier, 2004.

La souffrance, épreuve du sens

par Guy Coq

L'idée même d'envisager un sens à la souffrance peut susciter le scandale, car on sera soupçonné, finalement, de justifier l'injustifiable. S'interroger sur le sens de la souffrance, peut-être est-ce avant tout une question mal posée. Pour le montrer, je propose tout d'abord de réexaminer le mot « sens » qui a fait retour récemment après une longue éclipse.

Revenons à l'essentiel qui est de questionner non pas le sens, mais le *sens de la vie*. Et cette interrogation globale peut se situer à plusieurs niveaux. Le sens de la vie, c'est d'abord le lieu des questions ultimes : d'où venons-nous, où allons-nous ? Pourquoi vivre ? La mort ? Qu'en est-il ultimement de l'homme ? N'est-il que le produit d'un subtil hasard cosmique ? un amas instable de cellules promises à l'irrémédiable retour au minéral ? À un autre niveau, le sens de la vie renvoie à l'existence d'une place dans le monde, parmi les humains, place que je trouve ou dont je demeure privé.

Proche de ce niveau est le troisième, où l'on cher-

chera le sens de vivre dans la qualité, ou simplement l'existence de relations et de liens avec mes semblables, liens qui sont en eux-mêmes sens : amitié, amour. Mais ici, les relations négatives elles-mêmes, la haine par exemple, portent sens, et cela ouvre à une réflexion qu'il faudra mener sur l'ambiguïté du sens.

Enfin, un dernier niveau de sens fait intervenir la valeur. Vaut-il mieux vivre ? Est-il meilleur d'être né ou non ? L'être que je suis a-t-il en lui-même une valeur ? Que vaut-il mieux devenir ?

Le point commun à ces aspects du sens de vivre est leur globalité : l'existence y étant considérée comme un tout, on refusera de fragmenter la question du sens. La question ne sera plus : « Le travail, la souffrance, le plaisir ont-ils sens ? », mais : « Quel sens de l'existence est-il en jeu dans les expériences diverses ? »

Cependant, contre une idée répandue qui tend à dire : l'essentiel est qu'il y ait du sens, je voudrais montrer que la question du sens est traversée par une double tension entre « sens créé par moi » et « sens reçu », entre « sens pour la vie » et « sens pour la mort ». Oui, nous créons du sens. Sartre a raison de critiquer ceux qui voudraient n'avoir qu'à découvrir un sens tout fait car, dit-il, le monde en lui-même n'a pas de sens, c'est l'homme qui construit le sens. Et il est certain que l'individu moderne, délié de tout, abandonné, doit prendre sur lui une partie immense de la création du sens, d'où sa vertigineuse liberté.

Malgré cela, l'idée d'une création de tout le sens par l'individu ne tient pas. On est toujours déjà pris dans du sens, dès la naissance et même avant, notamment par la filiation. Même dans la société démocratique, on participe d'un sens du vivre ensemble, déposé dans la mémoire collective et dans les institutions : sens qui me précède. Le grand problème sera alors : quel est le bon partage, le bon équilibre, le compromis viable, entre sens reçu et sens créé ?

La seconde dualité tient au fait suivant : que le sens soit reçu ou créé, il y a du sens pour la vie et du sens pour la mort. Le premier consiste, par exemple, à être aimé (sens reçu), ou à vivre dans l'espérance plutôt que dans le désespoir (sens créé).

Ainsi analysée, la question du sens n'appelle plus une réponse simpliste du point de vue de la souffrance. Il apparaît déjà que si l'on globalise la question du sens, celui-ci devra être recherché malgré la souffrance. Autrement dit, il s'agit de se demander dans quelle mesure la souffrance remet en cause le sens de la vie. Car, nous le voyons à l'analyse de cette notion, le sens doit être envisagé globalement, comme concernant la vie elle-même.

Comment avancer, maintenant, sinon en examinant le fait même de la souffrance ? Comment vient-elle écarteler la vie ? qu'il s'agisse du mal-être ou de la douleur, il y a en elle une montée à la conscience de quelque chose d'insupportable provenant de mon être corporel et/ou spirituel. Cela ira jusqu'à rendre insupportable le fait même de vivre. À un certain niveau, la souffrance envahit, en effet, totalement la vie, elle contraint l'existence à se concentrer sur elle, et je finis par ne plus être qu'un existant souffrant. À ce moment, la souffrance, qui est une passivité, n'est pas sens, elle n'est pas sens reçu. Quant au sens créé, elle ne peut l'être non plus.

Cette position de la souffrance, non comme porteuse de sens mais comme obstacle au sens de vivre, un auteur contemporain, Maurice Blanchot, peut nous aider à la préciser. Dans l'expérience quotidienne nous sommes en rapport avec le possible. Nous projetons de faire des choses, nous ajustons des moyens pour réaliser des buts. Nous sommes donc constamment dans un élan qui nous fait dépasser le présent vers l'avenir.

Or il y a une expérience qui s'oppose radicalement à celle qu'on vient d'évoquer : la souffrance. Car ce qui apparaît central dans la souffrance, pour Blanchot, c'est l'impossibilité de se projeter en avant dans un avenir. Notre auteur met à part la souffrance « mesurée, encore supportée » qui demeure dans le champ de la patience. Là, on est encore dans le domaine d'une souffrance « ressaisie et assumée, reprise et même comprise ». Mais, à un certain degré, la souffrance perd toute mesure. À ce moment on ne peut plus la souffrir, et « on ne peut cesser de la souffrir ». On fait alors l'expérience de l'incessant, celle d'un présent qui ne passe pas, qui est sans horizon d'avenir.

« Le temps est comme à l'arrêt... Le présent y est

sans fin séparé de tout autre présent par un infini inépuisable et vide, l'infini même de la souffrance, et ainsi le présent est destitué de tout avenir : présent sans fin et cependant impossible comme présent, indéfiniment creusé et en creusement, indéfiniment gonflé, extérieur radicalement à la possibilité qu'on y soit présent par la maîtrise de la présence. » Soulignons la force de l'analyse : on est alors pris dans le présent, mais un présent lui-même impossible à vivre, qui ne laisse aucune liberté. Et Blanchot insiste : « La souffrance a simplement perdu, le temps nous l'a fait perdre. » Séparé du temps, mais ce n'est pas une libération, on n'est certainement pas libéré quand on ne dispose plus du temps qui passe. Cette perte du temps est probablement la cause de la déstructuration du sens de vivre, donc du sens, qui se produit dans la souffrance. On est livré à un temps différent, sans événements, sans projets, privé de toute initiative, de toute possibilité de se situer, d'entrer dans une quête de sens. Et cela n'a rien à voir avec « l'étincelle des mystiques ». Plus loin, élargissant l'idée d'un temps où l'on ne peut demeurer, Blanchot relie la souffrance extrême à la mort impossible : expérience de la souffrance comme orientée vers « l'infini de la mort impossible à mourir ».

J'insiste sur l'expérience extrême, car c'est là que se révèle vraiment la souffrance : destruction de la possibilité de vivre, alors que la vie n'est pas elle-même détruite.

La souffrance brouille et défait le sens de ma vie

Ce qui précède le met en lumière : la souffrance perturbe plus ou moins profondément mon rapport à ma vie. Et la limite entre une souffrance qu'on peut souffrir ou subir et l'insupportable n'est jamais objective. C'est le sujet souffrant qui évalue et peut être emporté dans l'insupportable. Toute souffrance contient cette menace, celle d'un état où m'échappe toute possibilité de garder sens à ma vie, de le créer d'abord, et le sens subi passe lui-même à la limite : un sens qui est la vie détruite, sens pour la mort, négatif du sens poussé à l'extrême où il est impossibilité du sens.

Quand le souffrant crée un sens ou maintient un sens à sa vie dans la souffrance, je n'ai rien à objecter. Car seul le souffrant, de ce lieu de sa souffrance, a droit de me dire un sens pour lui. Nul n'a le droit de parler à sa place ; on ne peut prétendre lui imposer un sens, pas même lui en proposer, sans risquer d'être inhumain avec lui. Peut-être est-ce une des leçons de Job ?

Tout sens que je serais tenté d'esquisser à la souffrance comme intégrée à un sens de la vie, je n'ai pas le droit de le faire pour autrui, mais uniquement pour moi, comme positionnement par rapport à ma souffrance possible. Comme penseur, je ne puis que proposer ce que j'espère être capable de tenir moi-même, et le proposer à moi-même dans ma parole.

Cette position, que j'espère tenir, consisterait à maintenir mon affirmation du sens global de la vie le plus longtemps possible, et je l'espère, jusqu'à l'extrême de mon épreuve de la souffrance.

Je m'engage maintenant un peu plus sur un chemin incertain : examiner comment on pourrait empêcher la souffrance de détruire le sens de vivre. Puisqu'elle casse le temps, il me resterait à reconstruire du temps, à lutter, dans la souffrance, contre la perte du passé et de l'avenir. Il y aurait à maintenir, envers et contre tout, la décision d'espérer. Car l'espérance est toujours le résultat d'une décision, comme j'ai essayé de le montrer dans un essai intitulé *Dis-moi ton espérance*. L'espérance nue est pure affirmation qu'il y a demain. Elle maintient l'élan vers un avenir qui peut être par-delà la souffrance et le mal. Elle invite à l'action quand même. En ce sens, il faut plus que de la patience, car celle-ci ne tient que si elle est sous-tendue par l'espérance.

Souffrance, mal, mort

Les trois termes : souffrance, mal, mort, ont entre eux une étrange proximité. Sont-ils trois formes de la même chose ? La mort est un mal. Le mal comporte toujours une alliance avec les forces de la mort. Ni le mal ni la mort ne sont nécessairement une souffrance. La souffrance est toujours un mal. On voit le mouvement subtil des équivalences. Les trois sont des aspects négatifs dans l'existence humaine, et portent le même défi à la raison : tenter de les penser, souffrance, mal, mort, de les intégrer à une démarche rationnelle, expose au risque de les justifier. Et alors on devra entendre le scandale de l'expérience existentielle : les trois sont inacceptables, injustifiables, intolérables. Ils sont la perte du meilleur de l'humanité. Les trois imposent la quête de leur défaite. Il n'est pas étonnant que les philosophes les plus sensibles à l'ampleur du mal, de la souffrance, au scandale de la mort (évident quand c'est un être très cher dont on aime l'existence par-dessus tout qui disparaît) aient osé poser la question d'un salut, d'une rédemption. Cette question me pousse aux limites de la philosophie. La perdition s'expérimente quand un être déjà entraîné dans la complicité du mal s'y voit enchaîné de plus en plus, quand le mal entraîne le mal, quand pour s'en extraire, pour le réduire, on est entraîné à un mal pire. Alors, on peut pressentir que l'humanité est entraînée dans une chute irrémédiable. Irrémédiable ? Ici se propose la question d'un salut, d'une défaite du mal. De même, l'urgence d'un salut s'impose dans la souffrance, quand celle-ci empoisonne et étouffe la possibilité d'exister, quand elle casse le temps, et par là même la possibilité de faire dominer le sens pour la vie. L'idée du salut surgit aussi comme pari vis-à-vis de la mort, refus de consentir au désespoir, refus du néant comme sens ultime de toute chose.

À ce point, on pourrait se rallier à la solution stoïcienne. Puisque nos souffrances, nos maux sont dans l'ordre d'un monde dont la loi est hors de nos pouvoirs, consentir à cet ordre. Solution limpide : si je perçois le mal, la souffrance, c'est parce que je refuse l'ordre du monde, c'est ma résistance au réel qui produit en moi ces états négatifs. Ni le mal, ni la souffrance, ni la mort ne sont réels. En consentant à l'ordre du monde, je les anéantis, ou plutôt j'en dissipe l'apparence qui me trompe. L'attitude stoïcienne suscite en moi l'admiration pour le courage et le dépouillement qu'elle exige. Mais en même temps je la rejette, car elle est – j'ose le dire – une insulte à l'homme souffrant. Comment lui dirai-je que sa douleur, son malheur n'existent pas dans le monde réel ? Comment lui dirai-je que le mal qui l'accable n'est qu'une erreur de son esprit ?

Pascal renvoie dos à dos stoïcisme et épicurisme. Celui-ci ne tient pas non plus devant la souffrance extrême. Que peut contre elle le souvenir des plaisirs passés ? La troisième solution qu'explore Pascal est le christianisme. Puisqu'il s'agit de répondre aux questions ultimes, pourquoi se priver d'examiner les paroles chrétiennes au titre d'hypothèses ?

Urgence d'une rédemption

Revenons un instant sur ce brouillage du sens de vivre que produit la souffrance. Prenons le cas où l'homme place Dieu à l'ultime du sens. Devant la souffrance, comment ne pas mettre alors « Dieu en examen [1] ». Comment accorder le fait de la souffrance, du malheur, du mal, avec la bonté et la puissance de Dieu ?

Car si Dieu est bon, comment peut-il supporter le mal sans que sa bonté soit mise en cause ? Si Dieu est tout-puissant et bon, comment étant bon peut-il supporter le mal sans en être complice ?

Serrons de près l'alternative où s'excluent les attributs divins. S'il est tout-puissant et laisse durer le mal, c'est qu'il n'est pas bon. Si je veux maintenir sa bonté, c'est en acceptant qu'Il ne soit pas tout-puissant. Les contradictions de Dieu révélées par le problème du mal alimentent l'athéisme. Ou plutôt, aujourd'hui, les problèmes du monothéisme avec le mal font le succès des sagesses qui se dispensent du Dieu personnel et transcendant, et qui en même temps déréalisent le mal. Elles résolvent la contradiction en en abandonnant les deux termes.

Or je ne puis me résoudre à édulcorer le mal. En même temps, je ne puis me résoudre à un Dieu qui tolère le mal – « Dieu n'a pas créé le mal », dit la sagesse biblique.

Seule la lecture de l'univers à partir du récit christique permet de surmonter la contradiction sans mutiler le réel. Pour cela il ne faut pas oublier que le christianisme n'est pas un système philosophique

1. Selon la belle formule de Pierre Talec, titre de l'un de ses ouvrages.

mais un récit. Juger du sens d'un roman en s'arrêtant au premier chapitre est de mauvaise méthode. Souvent, le sens même de ce chapitre s'éclaire à partir des suivants. Dans le récit christique, le dernier chapitre dévoile le sens de l'ensemble. Il s'agit du chapitre où Dieu lui-même s'emploie à vaincre le mal et la souffrance et la mort, non en se vengeant par un mal plus grand, non par une force brutale, violente, par une guerre, non pas non plus par le sacrifice du Christ car celui-ci n'est pas sacrifié.

En cet homme, le Christ, le Verbe de Dieu affirme la supériorité et la victoire de l'amour et de la vie dans le don radical. La toute-puissance de Dieu montre sa supériorité par le don. En cet homme, Jésus, le Verbe affronte le refus meurtrier qui veut tuer l'amour de Dieu pour l'homme. Tuer la vie de Dieu en l'homme, tuer l'amour divin source de toute vie véritable, y a-t-il un mal plus radical ? Le don du Christ, dans lequel le Verbe même se donne jusqu'à traverser la mort, transmute le meurtre de Dieu en l'homme en don radical. Le don anéantit le mal. Le refus meurtrier est transformé en don. Le don aimant annule le mal.

Pour entrer un peu dans l'intelligence de ce récit, je m'appuie sur un récit plus facile mais très éclairant. Dans *Les Misérables*, Jean Valjean de retour du bagne est accueilli par l'évêque de Digne, un homme de Dieu. Que se passe-t-il en Jean Valjean pendant la nuit ? Au matin, on frappe à la porte de l'évêque. Celui-ci comprend tout de suite quand il voit Jean Valjean solidement encadré par deux gendarmes qui veulent rendre à l'évêque l'argenterie volée par l'ancien bagnard. Que fait l'évêque ? Il vole son vol à Jean Valjean. Il lui reproche d'avoir oublié deux chandeliers d'argent qu'il lui « donnait » aussi. Il y a transmutation du sens de l'acte de Valjean. Grâce au don de l'évêque, un acte qui le conduisait à la perdition est transformé. Le don sauve, il exprime l'amour évangélique, qui annule le mal. Toute la vie de Jean Valjean, arrachée au malheur par le don de l'évêque, en sera bouleversée à jamais.

Le silence, la gentillesse et la souffrance

par Sylvie Germain

De même que Job termine son livre en disant qu'il vaut mieux se taire sur quelque chose qui le dépasse, j'aurais envie de dire qu'il vaudrait peut-être mieux ne pas tenir de conférence sur la souffrance. En effet, qui dit souffrance dit mal ; dans les deux cas, c'est un tel défi à la raison qu'on se sent gêné de parler sur ce thème. À quel titre parler, nous qui ne sommes pas dans la souffrance, justement ? On sait bien que les gens qui sont dans la souffrance extrême ne peuvent plus parler. Les rescapés des génocides, des massacres, des grands deuils n'ont pas de mots pour dire leur souffrance. Le langage commun le dit bien : « Les grandes souffrances sont muettes. » Alors, en parler dans une conférence impose au moins de reconnaître qu'on en parle de loin. Pour aborder ce thème de la souffrance, on se doit de partir du *sens*. En effet, on ne peut justifier ni le mal ni la souffrance. Il n'y a pas de pourquoi qui puisse satisfaire notre raison, notre sens moral ou notre dimension spirituelle. En revanche, le problème du sens se pose non pas tant en amont qu'en aval. Une fois qu'on est accablé par la souffrance, quel sens peut-on en tirer pour sa vie ? La souffrance est une destruction, mais ensuite, qu'en faire ? En quoi la transmuer ? « Le faux Dieu change la souffrance en violence. Le vrai Dieu change la violence en souffrance[1] », dit Simone Weil. Voilà un bon point de départ à la réflexion sur la souffrance. Souvent, en effet, la souffrance crée de la violence, du ressentiment, de la haine et l'esprit de vengeance. C'est comme ça que le mal court, comme disait Audiberti. En ce moment plus que jamais nous sommes dans un état de souffrance important, au niveau de la pensée. La souffrance met tout à cru, le monde, le temps et l'être humain dans sa pensée, dans son cœur, dans sa mémoire. Le souffrant est celui qui a intensément froid ; il a faim et soif de sens, d'amour, de consolation. Parfois, il n'y a plus rien pour consoler cette extrême souffrance. Berthe Mwanankabandi, rescapée tutsie qui a vu toute sa famille massacrée à coups de machette dans les marais du Rwanda, dit : « Maintenant, je vois que l'existence est devenue trop éreintante sur les collines. La terre est trop endurcie pour laisser percer l'espoir. Le génocide pousse vers l'isolement ceux qui n'ont pas été poussés vers la mort. Il y en a même qui perdent le goût de la gentillesse[2]. » *Gentillesse* ; cela semble déroutant d'employer un vocabulaire d'une telle douceur dans ce contexte, et cela met en

---

1. Voir *La Pesanteur et la Grâce.*
2. Voir *Dans le nu de la vie*, Jean Hatzfeld.

relief encore plus le côté intolérable de l'ampleur et de l'horreur des événements. Elle continue : « Il y en a même qui deviennent grondants. Par exemple si votre vache va manger dans le champ de quelqu'un, il vous hurle qu'il refuse de s'arranger quant aux dégâts... » La souffrance rend rarement meilleur, elle a plutôt tendance à endurcir, à encolérer. Avec un autre vocabulaire, j'ai retrouvé dans ces récits ce qu'on avait déjà noté dans les récits des rescapés d'Auschwitz. Cela montre bien que l'être humain est le même face à la souffrance qui est universelle.

En quoi transmuer cette souffrance ? En connaissance ? Mais de quoi ? Il nous reste juste à reconnaître qu'on ne peut ni comprendre ni justifier la souffrance. Et, en même temps, une position humble à la Socrate qui avoue juste « savoir qu'il ne sait pas » peut déboucher, à force d'interrogation, sur une certaine lumière intérieure. S'il n'y a pas ce travail très lent, très douloureux de transmutation, le cycle souffrance/violence repart.

Dans le même livre de Jean Hatzfeld déjà cité, une autre femme, Claudine Rayitesi, unique rescapée d'une immense famille, déclare : « Je ne demande désormais qu'une chose à Dieu, de m'aider à ne pas devenir méchante à l'encontre de ceux qui nous font tout ce mal. Rien de plus, vraiment, je ne veux pas goûter à la revanche. » Quelle immensité d'âme ! Ce sont de toutes jeunes filles qui ont perdu tous les leurs dans des conditions épouvantables, qui ont très peu de culture et qui peuvent dire ça, et qui ensuite se taisent, comme Job.

GUY COQ : Comment prévenir la barbarie, le retour des souffrances et du mal collectif ?

SYLVIE GERMAIN : Nous nous sommes beaucoup posé ce type de questions depuis la Shoa, et nous n'avons pas vraiment de réponse à ces questions qui tourmentent l'Occident chrétien. On sait que beaucoup de grands bourreaux nazis étaient des mélomanes, qui pouvaient pleurer le soir en écoutant Mozart, et pendant la journée torturer sans états d'âme des petits enfants tziganes ou juifs. On a constaté que la culture ne protège pas de la folie meurtrière. On le voit constamment chaque fois qu'il y a génocide. Au Rwanda, ceux qui ont conçu le génocide et armé les tribus pour perpétrer les massacres étaient aussi des intellectuels qui ont réfléchi et justifié leurs actes.

Une autre femme citée dans le livre de Jean Hatzfeld traduit bien cette idée : La guerre est une affaire d'intelligence et de bêtise. Le génocide est une affaire de dégénérescence de l'intelligence ! Perversion, fourvoiement total de l'intelligence ! On voit bien que les discours de ceux qui cherchent à justifier les attentats terroristes du 11 septembre 2001 sont une perversion totale de la culture et de la religion auxquelles ils se réfèrent, et surtout du langage. L'intelligence, au sens de la culture, des racines, ne suffit pas pour protéger de la barbarie ! La véritable intelligence est très discrète, c'est l'intelligence du cœur. Celle qui va chercher à transmuer toute souffrance pour éviter que, comme par un mouvement de ressac, la souffrance ne se retourne en violence supplémentaire. Quand on dit : « La souffrance délivre, elle permet de devenir humble », etc., c'est affirmatif et c'est cela qui me gêne. Je suis d'accord de dire qu'elle *peut* permettre de... Pensez à tous ces laissés-pour-compte, broyés, massacrés, ravagés par la souffrance, qui n'arrivent pas à aller au-delà, et qui deviennent méchants, sans parvenir à l'humilité. Alain Houziaux a cité Artaud. Oui, il était à vif, brûlé de l'intérieur, et il en est mort. Tout en étant calciné dans un rapport de folie avec Dieu, il avait reçu cette possibilité de transmuer en art fou cette souffrance. Mais combien d'êtres n'ont rien ! Il ne leur est rien donné, ni sur le plan spirituel – et si on croit à la grâce, pourquoi il ne leur est rien donné, à ceux-là ? – ni sur aucun autre plan !

ALAIN HOUZIAUX : J'ai souligné aussi que dans la souffrance on peut devenir aigre et négatif, ce qui a au moins comme avantage de nous permettre de comprendre que les autres soient comme ça. Je ne crois pas que les gens qui souffrent deviennent meilleurs que ceux qui ne souffrent pas. Ils peuvent peut-être devenir plus authentiques, mais pas forcément meilleurs. En nous mettant à nu, la souffrance dévoile ce que nous sommes, et peut-être qu'elle l'exacerbe. Par ailleurs, elle a au moins le mérite de nous faire découvrir la vanité des discours prêchi-prêcha, des consolations, et ressentir une sorte de solidarité avec ceux qui souffrent.

Débat

L'absurdité de la souffrance aide-t-elle à vivre cette souffrance ?

SYLVIE GERMAIN : D'un point de vue théologique, on ne peut que maintenir ce qui a été dit : il n'y a pas d'explication ni de justification à la souffrance. En même temps, si celui qui est dans la souffrance arrive à lui trouver un certain sens, un pourquoi de sa souffrance personnelle, cela va l'aider à la supporter. D'ailleurs, on cherche toujours une sorte de contrepoids à la souffrance, quitte à chercher un bouc émissaire.

GUY COQ : Il n'y a pas à juger de la parole de celui qui souffre, ni de la manière dont il donne un sens à sa souffrance. La seule difficulté, c'est qu'il ne faut pas y mêler Dieu d'une manière un peu idolâtre qui en ferait un Dieu pervers, méchant qui se complairait dans la souffrance de l'homme. Comme s'il fallait que l'homme souffre pour contribuer au salut. Or le message chrétien dit que cela s'est fait globalement, une seule fois, dans l'intervention du

Dieu d'amour dans l'histoire. D'ailleurs, je n'aime pas l'expression « Dieu tout-puissant ». C'est une interprétation politique de Dieu. J'ai connu un prêtre qui remplaçait toujours « tout-puissant » par « tout-puissant d'amour ». Cela change tout, car cela ne retire rien à la puissance créatrice, mais cela empêche de coller sur Dieu des éléments qui ne peuvent en faire qu'un Dieu méchant.

S. G. : Dans le Credo, Il est nommé le Père tout-puissant. Et cela change tout.

ALAIN HOUZIAUX : Oui, c'est en tant que Père que Dieu est tout-puissant, justement, son amour de Père est tout-puissant. Il aime en dépit de tout.

Peut-on donner une dimension autre que chrétienne à l'absurdité de la souffrance ?

A. H. : Oui, toute une école de pensée, du stoïcisme au bouddhisme, ne contredit pas le judaïsme ou le christianisme, et considère aussi que la souffrance n'a pas de sens, qu'elle est consubstantielle de l'existence : ce qui existe existe en souffrant, c'est une donnée inhérente au jeu de la vie. Si cela ne souffre pas, cela ne vit pas.

Que veut dire « offrir ses souffrances à Dieu » ?

S. G. : Je me méfie de cette phrase. Elle permet de récupérer certains discours que je trouve à la limite dangereux. Cela peut cependant avoir un sens, lorsque dans le vide et la nudité, en la déposant parce que « c'est trop lourd pour moi », je la confie à plus grand que moi : le mystère de Dieu, en Dieu.

A. H. : Cette idée me semble liée à la notion très obscure de la communion des saints, où tout communique avec tout. Si quelqu'un souffre, il apporte quelque chose de bénéfique aux autres, comme s'il y avait un immense système homéostatique de l'ensemble de l'humanité. Comme s'il fallait alors que dans cet ensemble il y ait un certain taux de souffrance nécessaire, et qu'en souffrant moi-même, j'épargne de la souffrance aux autres.

G. C. : Il y a là, tout de même, une espèce d'illusion qui me fait penser à cette formule de Victor Hugo : « La création est une immense roue qui ne peut se mouvoir sans écraser quelqu'un. » J'ai peur que, dans une sorte de rôle positif donné à la souffrance, on la justifie en ultime ressort. C'est pour cela que j'ai tenu à associer souffrance et mal.

Comment situer le pardon dans cette question de la souffrance ?

S. G. : On est au cœur du problème de la souffrance. J'ai déjà dit ailleurs (cf. *L'Enfant méduse*) que lorsque la souffrance ne débouche pas sur la violence de la vengeance, mais tente d'aller plus loin, plus profond, de traverser la nuit en quête d'un peu de lumière, c'est qu'il y a eu le pardon au passage. Sans le pardon, cette transmutation est inconcevable.

Dans Genèse 3, Dieu dit à la femme : « Tu enfanteras dans la souffrance », et à l'homme : « Tu cultiveras la terre à la sueur de ton front », ce qui sous-tend une souffrance aussi. Comment comprendre ces propos ?

A. H. : Pour comprendre ces deux phrases, il ne faut pas se placer dans la perspective d'une malédiction. Si on lit bien le récit, après la désobéissance d'Adam et Ève, s'ils sont chassés du Paradis, c'est un peu comme un enfant est chassé du sein de sa mère : il faut qu'il en sorte pour devenir grand. Ils se retrouvent alors sur une terre ingrate, desséchée, désertique, dans un milieu hostile à la vie. Pour permettre l'apparition de la vie dans un milieu aussi hostile, l'homme et la femme seront les lieutenants de Dieu, ses artisans : la femme en enfantant la vie, l'homme en cultivant la terre, ingrate et poussiéreuse. On comprend mieux pourquoi cela se fait dans la souffrance : c'est parce que cela se fait dans un milieu qui n'est pas fait pour ça. La souffrance est donc due à la résistance du monde extérieur à cette promotion de la vie dont l'homme et la femme sont chargés chacun à leur manière.

Si on souffre, et qu'on n'a pas la foi, faut-il suivre une psychanalyse ? Cette question est très intéressante, car elle suppose que la souffrance est soit une sorte de maladie qu'il faudrait guérir, soit une sorte d'illusion qui s'éteindrait avec une psychanalyse.

S. G. : La psychanalyse n'est pas réservée à ceux qui n'auraient pas la foi ! Il y a des psychanalystes chrétiens, parmi lesquels certains sont prêtres. Pour certaines personnes, c'est intéressant de soumettre leur foi à l'épreuve de la psychanalyse. La psychanalyse peut aider ceux qui souffrent, mais pas dans toutes les situations.

Je connais des femmes qui ont été détruites par un chagrin, un deuil. On les envoie systématiquement voir un psy. Même venues de milieux très différents, elles réagissent toutes par un défi désespéré : « Vous allez me rendre mon mari ? Mon enfant ? » Si on est dans le tourment de la répétition de l'échec, là, oui, la psychanalyse peut aider à comprendre les racines d'une souffrance qu'on a soi-même parfois provoquée, ou du moins que l'on entretient « à notre insu » ; mais elle n'est pas un remède pour tout, juste un outil parmi d'autres.

On parle de la peine de prison. Le mot « peine » montre bien l'intention de faire souffrir quelqu'un en réparation d'une faute commise. C'est donc punir quelqu'un par une souffrance.

G. C. : Nous nous situons là dans le cadre social. Quand on parle de vengeance, par exemple en référence aux attentats du 11 septembre 2001, je trouve que c'est une insulte aux morts. Tuer parce qu'on a tué n'est pas une solution. En revanche, au plan général, quand quelqu'un a commis un méfait, la société n'a pour l'instant que cette punition qui est un mal. Je ne me situe pas sur le plan de l'humanisation des prisons, mais bien au niveau des grands principes du droit dans une société démocratique. C'est un mal, mais on n'a trouvé que cela. Car si la société ne prend pas la charge de la punition en l'encadrant dans des lois, et en dépossédant la victime du droit de se venger, on revient au cycle de la vengeance personnelle et infinie.

« Soyez béni mon Dieu qui donnez la souffrance Comme un divin remède à nos impuretés », a écrit Baudelaire dans Les Fleurs du mal. *Alors, l'expiation par la souffrance est-elle possible ?*

S. G. : « Expiation »... C'est un vocabulaire tellement connoté qu'il ne peut que choquer tous les non-croyants, sans compter que l'accepter reviendrait à nier tout ce que nous avons dit jusqu'ici pour souligner que la souffrance n'a pas de sens et ne sert à rien a priori.

Nous sommes partis de Job, et nous y revenons : Job crie et dit non tout le long à la souffrance comme expiation. Thérèse de Lisieux citait Job, justement : « Quand bien même Dieu me tuerait, je croirais encore en Lui. » Elle-même a eu à subir ce qu'elle a appelé « la nuit du néant », ce qui était la plus intense souffrance qui soit pour un être de foi de sa trempe. Elle n'a pas cherché un sens à cela, ni à y découvrir une faute à expier ; elle a subi. Simplement, elle a consenti – terme très important lui aussi – à cette souffrance dont elle ne comprenait pas les raisons, mais qui ne l'a pas conduite au reniement.

A. H. : Je suis d'accord avec votre point de vue. Sauf que la notion d'expiation n'est pas théologique mais plutôt psychologique. L'homme, croyant ou pas, a toujours le sentiment de devoir payer pour les fautes qu'il a pu commettre ; la souffrance est alors comprise comme une sorte de salaire de la faute antérieure. Au contraire, la fonction de la théologie a toujours été de dire qu'il n'y a pas d'expiation dans la souffrance.

Comment éviter le désespoir ?

S. G. : On peut être dans le désespoir et garder l'espérance. Le désespoir se situe sur un plan humain, trop humain, rien qu'humain. On n'espère plus rien dans ce monde-ci ; et malgré tout on garde une dimension d'espérance. C'est-à-dire qu'on préserve la possibilité d'un mystère et d'une splendeur qui nous est encore cachée, mais qu'on croit pressentir dans l'obscurité de la chair de ce monde même.

A. H. : André Comte-Sponville, grand philosophe athée, dit que le désespoir est une très bonne chose. Il pense en effet que ce qui fait le plus de mal, c'est de toujours espérer quelque chose d'autre. Il fait donc l'apologie du gai désespoir. Il y a quelque chose à entendre de ce propos.

G. C. : Je ne comprends pas cela. Si je suis désespéré, ce n'est pas seulement l'avenir qui est invivable, c'est le *maintenant*. Le désespoir peut nous frapper, et je ne parle même pas des cas où on est dans la dépression car, là, il est peut-être déjà trop tard. Il nous appartient de prévenir cela ; nous devons décider pour l'espérance. L'espérance est l'objet d'une décision : pour cette vie-ci, il y a un avenir.

La foi peut-elle aider à vivre ?

Le pont, l'arche et la nacelle

par Alain Houziaux

Pour dire ce qu'est la foi et comment elle peut nous aider à vivre, je voudrais utiliser trois images. Toutes les trois sont relatives à ce qu'est une « arche ». D'abord l'arche d'un pont. Ensuite l'Arche de l'alliance. Et enfin l'arche de Noé qui le sauve du déluge.

L'arche du pont

Avancer sur un pont, c'est avoir confiance que l'arche tiendra. Le pont, quand on y pense, n'a rien pour « tenir » au-dessus du précipice. Il devrait s'écrouler par la force de son poids. Il ne tient que par le miracle de l'arche, c'est-à-dire grâce à la solidarité des moellons entre eux.

Avancer sur le pont, c'est un acte de foi et de confiance. La foi, c'est la ferme assurance d'être porté et soutenu par l'arche du pont. La foi, c'est une forme de confiance. D'ailleurs, les mots « foi » et « confiance » ont la même racine.

Je pense aussi au funambule, cet équilibriste qui progresse sur un fil ténu au-dessus du vide, devant les badauds. Il avance en tenant un balancier. Le balancier, à cause de son poids, devrait plutôt faire chuter l'équilibriste. Eh bien non, au contraire, le balancier le retient et le porte. La foi dans le balancier, la foi en Dieu est une sorte d'assurance incompréhensible, quasiment absurde. Mais elle vous porte et vous aide à avancer.

Giono a utilisé cette image du funambule sur un fil. Pour lui, ce funambule, c'est l'artiste démiurge qui construit son monde en avançant. À l'autre bout du fil, il n'y a rien pour le tenir, sauf la main de Dieu[1] ! Tel ce funambule, les chrétiens avancent vers Dieu sur un fil, soutenus au-dessus du néant par la main invisible de Dieu. Oui, la vie est une marche en équilibre sur un fil, soutenue par le miracle de Dieu, et qui aboutit au mystère de Dieu. Dieu, c'est l'« autre rive ».

Ainsi, la foi est une sorte de confiance sans raison. On ne sait pas trop en quoi on a confiance. On a confiance dans le mystère du pont qui tient, dans le miracle du fil qui tient.

1. Merci à Évelyne Fréchet qui m'a signalé cette image gionienne.

L'Arche de l'alliance

Deuxième image pour dire ce qui alimente la foi : celle de l'Arche de l'alliance.

Cette Arche de l'alliance, c'est un coffre qui représente la présence de Dieu. Lorsque les Hébreux sont sortis d'Égypte et ont traversé le désert vers la Terre promise, l'Arche de l'Alliance était sous une tente, en tête de la cohorte. Puis on l'a placée dans le Temple de Jérusalem lorsque celui-ci a été construit. Puis elle a disparu.

Ce qui est mystérieux, c'est qu'on ne sait pas ce qu'il y avait dans cette Arche. Une pierre, les Tables de la Loi, un peu de manne, on n'en sait rien. Beaucoup pensent même que, à l'intérieur de cette Arche, il n'y avait rien du tout. Et de même, dans le Temple de Jérusalem, lorsque l'Arche de l'alliance n'y était plus, il n'y avait plus qu'une pièce entièrement vide, et tout à fait obscure. Cette pièce entièrement vide, c'était le saint des saints, le lieu même de la présence de Dieu. Le meilleur symbole de Dieu, c'est le vide et l'énigme.

Ainsi la foi, c'est l'aimantation par l'énigme, le silence, la nuit de Dieu. La foi n'est pas une manière de décliner des certitudes. Au contraire, c'est l'obsession de l'énigme, c'est l'écoute aux portes du silence de Dieu. Je ne dis pas que le *rien* est Dieu, mais que le *rien* est la meilleure représentation du Dieu qui est tout autre que ce que nous pensons à son sujet.

L'image de la chouette chez Platon va dans le même sens. Les chouettes ne voient que dans la nuit.

Quand il y a de la lumière, la chouette devient aveugle. La chouette est aveugle parce qu'il y a de la lumière. C'est la cécité de la chouette qui est la preuve, la démonstration de ce qu'elle est dans la lumière. Comme le dit l'Épître aux Hébreux, la foi est la démonstration de ce que l'on ne voit pas. La foi ne voit pas Dieu. Elle dit que Dieu est là où on ne le voit pas. Et cela nous aide lorsque, pour nous, tout est nuit.

L'arche de Noé

Troisième image : celle de l'arche de Noé.

Cette arche, c'est un bateau en forme de coffre. C'est l'arche qui a sauvé Noé et sa descendance. Nous qui sommes tous des descendants de Noé, nous avons été sauvés de l'inexistence et du néant grâce à cette arche.

La foi, c'est la ferme assurance d'être portés, gardés, protégés, sauvés au-dessus des dangers et de la mort dans une sorte d'arche de Noé. C'est le sentiment d'être sauvés qui nous donne la foi, qui est notre foi.

À chaque instant nous sommes sauvés de la mort. À chaque respiration nous reprenons souffle, et ce souffle nous rend la vie, nous maintient en vie, nous fait passer à travers l'inanition et la mort. À chaque seconde notre cœur se remet à battre et irrigue à nouveau d'un sang neuf notre corps vieilli. Il nous rend la vie. Notre vie est toujours une vie en sursis, une vie sauvée des eaux, sauvée du déluge, sauvée de la mort. À chaque instant notre vie est sauvée par miracle.

La foi, c'est ressentir que nous sommes en vie par une sorte de grâce et de miracle incompréhensible.

Ce bon Monsieur de La Fontaine

Je terminerais par une quatrième image. Vous connaissez la fable de La Fontaine intitulée « Le laboureur et ses enfants ». Lorsque le laboureur sent qu'il va mourir, il appelle ses enfants et leur dit : « Un trésor est caché dans le champ que je vous laisse en héritage. » Après sa mort, les enfants bêchent, sarclent, binent, travaillent le champ. Et ce pendant des années. Les semailles et les moissons se succèdent. Mais ils ne trouvent pas de trésor. Rien. Rien du tout. Jusqu'au jour où ils comprennent qu'il n'y a peut-être pas de trésor dans le champ. Mais, au fond, peu importe s'il y a ou non un trésor. Car le véritable trésor, c'est le travail et ce qu'il produit. Le trésor qu'a laissé le père à ses enfants, c'est celui du travail, de la recherche, de la foi dans le trésor.

C'est donc la foi qui est le véritable trésor. Le vrai trésor et peut-être le seul trésor. Le véritable trésor, c'est la quête de Dieu, la fascination de l'énigme ultime, la lecture infinie de la Bible, le travail dans le champ du monde. Et ce trésor suffit, même s'il y a quand même un autre trésor effectivement caché dans le champ.

La foi, c'est apprendre à être vrai[1]

par Eugen Drewermann

Je commencerai en osant affirmer d'entrée que la foi peut nous aider à vivre (alors qu'on ne peut pas affirmer la même chose des institutions religieuses). Je raconterai quatre histoires qui proposeront quatre aspects différents d'une même thématique : comment vivons-nous en tant qu'êtres humains ?

Faire vrai et laisser dire

Cela se passe en 1941. À l'époque, l'armée allemande avait décidé d'entamer une campagne contre la Russie, nommée Barberousse. Pour les nazis, les Russes étaient des sous-hommes ; de cette conviction a découlé la mort de 25 millions d'êtres humains. Tous les évêques catholiques allemands de l'époque ont déclaré que cette guerre était une croisade pour le Christ contre l'athéisme bolchevique ;

---

1. Propos traduits par Catherine Mazelier-Grünberk, docteur en littérature allemande.

prêter serment au Führer, c'était prêter serment à Dieu.

Un jeune paysan, Yega Shteta, fut enrôlé pour partir au front. Il n'avait pas fait d'études de théologie mais il avait un discernement très clair, au nom duquel il avait décidé de refuser d'obéir aux ordres qui l'obligeraient à tuer des hommes. Il serait donc objecteur de conscience. Depuis 1935, date à laquelle le service militaire devint obligatoire, être objecteur de conscience, c'était se condamner à mort. Yega Shteta encourait donc la condamnation des autorités politiques et celle des autorités ecclésiastiques.

On lui a imposé une entrevue à Vienne avec un cardinal. Là, il s'est fait tancer pour oser avoir une opinion personnelle contraire à celle de l'Église catholique (il n'avait même pas étudié le grec et l'hébreu, comment pouvait-il donc avoir la clé de l'interprétation du message du Christ ?). On lui a rappelé que désobéir à l'Église, c'était désobéir à Dieu. Sa réponse a été toute simple : « Des millions de personnes vont mourir dans cette guerre, leurs biens vont être pillés ; je refuse de tuer des hommes sur ordre. » Il a été exécuté et on lui a même refusé la communion.

Au fond, cet homme est un parfait inconnu, mais il mérite au moins autant de considération que tous les morts des deux guerres réunis, car il nous montre précisément comment la foi peut nous aider à vivre. Elle permet à un seul individu isolé de se dresser contre l'État, l'Église, la société. C'est une question d'absolu : on ne peut pas enfermer dans des lois éthiques universelles ce que la voix de notre conscience nous indique.

Aucune morale ne peut exiger d'un homme qu'il devienne martyr ; cependant, ce jeune paysan s'en est tenu strictement à la parole de Jésus : « Rendez à César ce qui appartient à César, mais votre âme appartient à Dieu seul. » Voilà la première chose que la foi peut nous offrir : nous donner le courage d'être des individus. Elle met en évidence que l'homme ne vit véritablement que lorsqu'il est confronté à un absolu, qui ne peut être confondu avec aucune autorité extérieure – État, tradition, Église...

Chacun de nous porte en lui une parole. Quand nous osons l'exprimer, nous atteignons la plus belle des choses qui puisse nous être donnée : cette résonance avec ce que Dieu a placé en nous. La question n'est donc pas de savoir pourquoi nous ne sommes pas un autre – plus beau, plus sage, etc. –, mais de parvenir à devenir nous-mêmes.

Ce jeune paysan a vécu selon la maxime de Manet : « Faire vrai et laisser dire. » On ne sait pas s'il s'est posé la question de la culpabilité. C'est de cette culpabilité dont parle ma deuxième histoire.

Comprendre ou condamner

Il y a quelque temps, un jeune homme de vingt ans a été condamné à deux ans de prison. Il avait été dénoncé pour viol par une jeune fille, mais il a toujours nié le viol. Au procès il a semblé arrogant et, le procureur le croyant coupable, le juge s'est rallié à cette opinion. Son avocat, malgré des honoraires très élevés, n'avait rien pu faire.

Il est venu me voir, sur les conseils de sa mère. Devant moi, il a commencé par se taire pendant presque une demi-heure. Peu à peu, j'ai appris sa version des faits.

Un secret pesait sur sa famille : son père était alcoolique et à aucun prix il n'aurait accepté d'évoquer cela devant le tribunal.

Voilà l'histoire. De retour d'une cure de désintoxication, le père avait rechuté le soir même du viol présumé. On perçoit bien à la fois la peur de la mère pour le fils et la peur du fils devant son père. Il s'est passé ce qui n'aurait jamais dû arriver : leur peur s'est transformée en haine pour cet homme lorsqu'il a commencé à battre sa femme. Mère et fils se sont ligués contre lui, le ligotant si serré qu'il a failli être amputé par la suite.

Il s'est alors passé quelque chose que l'on ne peut comprendre qu'à l'aide du modèle psychanalytique : à ce moment précis, le jeune homme est devenu son propre père, protecteur de sa mère. Ce qui est terrible, c'est qu'il est devenu *comme* son père. Il *est* cet ivrogne, et donc, ce même soir, il sort pour se saouler. La question est alors de savoir si son père avait battu et/ou violé la mère. La réponse montre sans équivoque qu'il y a eu violences, mais jamais violence sexuelle. Ce soir-là, le jeune homme a donc violemment frappé une jeune femme sans vouloir la violer.

Le tribunal n'a rien voulu savoir de tout cela. D'autant moins que ce jeune homme avait déjà un casier judiciaire car, à quatorze ans, il avait volé des feutres. Ce vol avait aussi un précédent car, lorsque le père était ivre, on confiait le jeune homme à sa tante qui, pour l'occuper, lui faisait faire des dessins avec des feutres. Lorsqu'il avait quatorze ans, sa tante est morte. C'est là qu'il a volé les feutres.

La loi appelle cela un vol et le tribunal parle de casier judiciaire. Mais vous, ce que vous allez en penser, ce sera un jugement humain. La psychothérapie permet de comprendre que l'acte de ce jeune homme n'est pas un vol mais la tentative de s'approprier un moyen magique, les feutres, pour faire revivre une personne qui n'aurait jamais dû mourir.

Cette histoire illustre deux aspects de la religion et de la foi.

D'abord, la plupart des jugements que nous portons sur les autres sont faux car, ne connaissant pas leur histoire, nous ne pouvons pas prendre en compte leurs motivations profondes. Malgré toutes nos dispositions à vouloir le bien, nous pouvons être dans l'erreur. La sagesse de la parole du Christ apparaît alors avec d'autant plus de pertinence, à la fin du Sermon sur la Montagne : « Ne jugez pas afin que vous ne soyez pas jugés avec votre propre jugement. »

Dans trente ou quarante ans, lorsque nous aurons une meilleure connaissance de la psychologie humaine, notre justice nous paraîtra aussi obsolète que les procès en sorcellerie du Moyen Âge le sont pour nous aujourd'hui. Nous sommes encore assez fous pour tolérer la peine de mort, qui a été prononcée en 2001 seize fois dans le seul État d'Oklahoma. De même, nous acceptons sans broncher une opération qui s'appelle sans honte « Justice sans limite[1] » et qui envoie au combat des milliers de soldats. Quant au dalaï-lama, deux jours après les attentats du 11 septembre 2001, il a déclaré : « Ceci est une chance infinie pour la non-violence. »

En fait, pour comprendre la vérité de la religion, il nous faut un éclairage profondément différent sur la psyché humaine. La religion, c'est la fin de toute prétention à vouloir avoir raison, et à chercher à imposer sa propre justice. En effet, les hommes ne peuvent trouver la vérité que s'ils ne se sentent pas condamnés.

Ce jeune homme ne m'aurait pas dit un mot, de la même manière qu'il est resté muet au tribunal, s'il n'avait pas perçu qu'au moins je supposais possible son innocence. Pourtant, il s'agit seulement de chercher à comprendre quelqu'un, dans son infinie solitude, dans son chaos intérieur et dans sa bonne volonté.

---

1. Pour mémoire, c'est le nom des représailles américaines suite aux événements du 11 septembre 2001.

Nous sommes tous des mendiants

La troisième histoire s'est passée ce matin à la gare du Nord, mais elle aurait pu se dérouler n'importe où dans le monde. Il bruine un peu. Une femme est assise sous un maigre parapluie en plastique. À côté d'elle, deux sacs. Manifestement, c'est tout ce qu'elle possède. Elle a fermé les yeux. Des signes tracés sur son front brun indiquent qu'elle doit être algérienne. Elle est là, telle une épave échouée au bord d'un océan de misère sur lequel la tempête se déchaîne depuis longtemps déjà. C'est la tempête de la guerre coloniale passée mais aussi la guerre actuelle en Algérie, avec la répression due au fanatisme musulman.

En quelques minutes, des centaines de personnes passent devant elle sans lui prêter attention, et pas un policier ne viendra les accuser de non-assistance à personne en danger. Pourtant, si personne n'ouvre pour elle à la fois son cœur et son porte-monnaie, elle a peu de chance de survivre. Elle n'a droit à rien et, comme elle ne vous est rien, vous ne lui devez rien non plus.

Seule la foi peut ébranler cette indifférence et la transformer. Je ne fais pas référence ici à l'injonction de miséricorde chrétienne. Je pense plus au slogan que j'ai vu sur les colonnes Morris en arrivant à Paris : « Chaque don change la vie. »

La religion nous enseigne quelque chose d'encore plus profond : Si nous sommes honnêtes à l'égard de nous-mêmes, nous ressemblons en fait beaucoup à cette femme croisée à la gare du Nord, nous sommes des mendiants, comme elle. Cela peut aller très vite : une maladie, un coup du sort, et tout bascule. Nous sommes tous des mendiants ; rien ne nous appartient, et nous n'avons « droit » à rien. La vie est déjà un don extraordinaire qu'il convient de partager.

Martin Luther le savait bien. Sa doctrine de la grâce est une quête désespérée autour de ce thème. Lorsqu'il est mort, d'après la tradition, on a trouvé un mot sur sa table de chevet qui citait un texte en latin : « Nous sommes tous des mendiants », et Luther avait ajouté de sa main : « Cela est vrai. »

Foi et compassion

Il y a quelque temps, dans une gare à Düsseldorf, j'ai vu un chien qui courait dans tous les sens, manifestement à la recherche de son maître. Freud a décrit toute peur comme « angoisse de la perte de l'objet », et c'est déjà vrai pour les animaux. En quelques minutes, son destin pouvait basculer de « chien tranquille » à « chien errant »... Cela montre que les animaux et les hommes vivent les mêmes émotions. Le langage populaire dit fort bien que certains humains ont une « vie de chien », car ils n'ont aucun droit. Or il ne s'agit pas d'avoir des droits : le problème central est davantage la compassion. Albert

Schweitzer partageait cet avis : « La compassion est universelle, sinon elle n'existe pas. »

La foi devrait donc être cette force qui nous aide à élargir à l'infini notre capacité à la compassion. Elle nous aide à devenir des personnes, des individus. Elle nous aide à gérer le problème de la culpabilité, en permettant de remplacer la condamnation par la compassion. Nous n'avons rien à faire pour avoir droit à la bonté. En retour, la foi nous rend sensibles à la solidarité envers tous les êtres vivants de cette terre.

Oui, la foi nous permet de discerner, dans la nuit noire, une lumière invisible pour les yeux, qui ouvre sur un monde de lumière. C'est une poésie existentielle née de l'amour, de la promesse d'un sens au milieu du chaos des échecs.

La foi, c'est apprendre à dire : « Je suis »

par Jean-Yves Leloup

J'ai beaucoup d'affection pour l'apôtre Thomas. Il est en même temps infiniment sceptique et infiniment croyant. Aujourd'hui on ne peut pas être croyant sans passer par le doute. Pour moi, ce scepticisme fait partie de la santé, car au nom de Dieu on peut faire et faire faire n'importe quoi. C'est souvent dans le désir du bien qu'on fait le plus de mal, au nom de Dieu il y a eu des guerres sanglantes, et ce avec des hommes parfaitement sincères qui se disent de « vrais » croyants.

Quand on parle de la foi, il me semble important de savoir en quoi, en qui on croit, et de rappeler que c'est toujours un être relatif qui parle et qui croit en un absolu ; c'est toujours un être humain qui parle de Dieu, à travers ses limites, son inconscient. On ne peut pas idolâtrer un texte, même si on dit que Dieu lui-même l'a inspiré. « La Parole de Dieu », c'est toujours ce qu'en a compris un homme et ce qu'il en a traduit dans sa culture, filtré par ses peurs, son désir, sa volonté de puissance...

L'idolâtrie

L'idolâtrie, c'est avoir le regard arrêté par ce que l'on voit et de le prendre pour le réel. N'importe quel scientifique aujourd'hui dira que ce qu'on voit n'est pas le réel mais ce que nos instruments de perception peuvent en saisir. Le réel est toujours plus que ce que l'on peut en saisir. L'idolâtrie, c'est aussi avoir l'intelligence arrêtée par ce que l'on sait. On ne sait pas le tout dans sa plénitude.

Garder le regard et l'intelligence dans l'ouvert, c'est là la grâce que nous donne la foi. Elle est donnée d'abord au simple niveau scientifique. C'est ce qui fait la différence entre le scientiste et le scientifique qui, lui, voit au-delà de ce qu'il sait « Ce que je sais est fini, ce que je ne sais pas est infini. »

Au niveau affectif, être idolâtre, c'est avoir le cœur arrêté par ce que l'on aime. On peut tellement se rendre dépendant d'une personne ! Être tout l'un pour l'autre, c'est trop, car je ne peux pas combler le manque qui est en toi, et réciproquement. Projeter ainsi un désir d'infini sur un être fini, c'est cela, l'idolâtrie. La foi nous permet de garder le cœur non arrêté par ce que l'on aime. Cela ne veut pas dire que l'on aime moins, ou moins bien : au contraire, on aime mieux. On file l'imparfait amour, l'autre n'est jamais tout. Bonnefoy dit que la cime est peut-être dans l'imperfection : le croyant aime ce qu'il aime dans ses limites, il les respecte.

L'idolâtre, c'est aussi celui dont la foi est arrêtée par ses croyances et par ses représentations. Parfois, nous pouvons prendre nos représentations de Dieu pour Dieu, nos représentations du Christ pour le Christ. Nous pouvons faire du Christ une idole, au lieu qu'il soit le chemin, la vérité et la vie, et une icône, au sens d'image visible de l'invisible. Dans l'expérience mystique, nous passons tous par ces moments qu'on appelle « la nuit », où nous perdons non pas la foi mais nos représentations-appuis, nos croyances-béquilles. Peut-être pour retrouver un appui plus intérieur, la présence même du « Je suis » intérieur qui nous tient debout et nous donne d'exister.

C'est la différence que je vois entre Nietzsche et saint Jean de la Croix. Il s'agit bien d'arracher les masques, mais c'est par amour pour le visage derrière le masque.

Thomas, après avoir douté, a besoin de vérifier. « Si je ne mets pas mes doigts... » Il est très contemporain. Il a raison. Il ne s'agit pas de croire n'importe quoi, mais de vérifier. Avons-nous le pressentiment d'un Réel plus fort que la bêtise, que la violence et que la mort ? Quand nous disons que Christ est ressuscité, que disons-nous ? Nous disons que ni la bêtise, ni la violence, ni la mort n'auront le dernier mot, même si elles existent. C'est pour cela que Thomas me touche : c'est au cœur même de la douleur et de la finitude que nous pouvons toucher quelque chose d'autre, en cet homme qui porte en lui les stigmates de la déchirure. Et ce ne sont pas des mots, ni des croyances, mais le pressentiment du Réel, la foi-certitude que l'amour est plus fort que la mort. Les mots manquent pour le dire, justement.

La foi

La foi, c'est ce qui met de l'issue dans toutes nos fermetures, et qui nous fait passer au-delà des explications.

Quand on présente à Jésus l'aveugle de naissance, les disciples lui demandent : « Qui a péché, à qui la faute ? Lui ou ses parents ? » C'est toujours la même question aujourd'hui : pourquoi le mal, la maladie ?... Certains cherchent des explications. Ce qui me frappe, c'est que Jésus conduit sur un autre chemin que celui des explications : « Ni lui ni ses parents. » Il nous dit d'arrêter de chercher la cause, parce que, derrière la cause, on est peut-être en train de chercher un coupable – moi, ou l'autre. On peut perdre beaucoup de temps à chercher le coupable et la cause première. Or Jésus ajoute : « Cette maladie est pour que soit manifestée la gloire de Dieu. » Pour beaucoup d'entre nous, cela ne veut plus rien dire : en quoi la souffrance peut-elle être l'occasion de la manifestation de la gloire de Dieu ? Or « gloire de Dieu » signifie « poids de la présence, de la conscience ». À travers la maladie peut se manifester de la conscience, du sujet. À travers elle je deviens « Je suis », sujet.

Ainsi, à travers ces icônes étranges que sont la maladie, l'épreuve, l'injustice, la foi nous donne ce regard qui, au lieu de juger et de condamner, m'invite à faire de ce qui m'arrive une occasion de conscience. La foi, c'est arrêter de se prendre pour une victime et cesser d'être l'objet de ses symptômes pour en devenir le sujet. Je ne suis pas la maladie que j'ai : je n'ai qu'une maladie. Pour la théologie orthodoxe, tout acte de foi est un acte de divinisation, je mets au monde du Vivant ; et « Je suis » qui « Je suis ». À travers mes limites, Il sera incarné, non seulement dans le passé, mais à chaque instant, sous une forme unique et irremplaçable.

Débat

Jean-Yves Leloup : Eugen Drewermann, vous avez parlé de la foi qui nous aide à devenir plus humain. Pouvez-vous, à la lumière des récents événements, ajouter quelques mots sur la foi qui incite à tuer et qui nous rend plus inhumain ? Existe-t-il une thérapie pour ces maladies de la foi qu'on appelle des fanatismes ?

Eugen Drewermann : La foi court toujours le risque de dégénérer en idéologie, qui veut enrégimenter. On a fait de la foi une doctrine, alors que c'est une façon de vivre. Et c'est pourquoi ce qui au départ était de l'ordre de l'existentiel est devenu une question d'enseignement, un endoctrinement. La puissance des institutions religieuses consiste alors à dominer ces jeux de langage. Mais les hommes ne peuvent pas vivre avec ce dogmatisme et dans la soumission à l'autorité.

Mon père était protestant, et ma mère catholique. Pour pouvoir l'épouser, elle a dû faire le serment que tous ses enfants seraient catholiques, moi, par exemple. Peu après leur mariage, le pasteur leur a rendu visite, et il a demandé à mon père comment il avait pu laisser promettre cela à sa femme. Mon père lui a répondu que si tous ses enfants devenaient comme sa femme, ce serait très bien. Simple mineur, il n'était pas théologien (le grand danger, ce sont les enfants de mineurs qui font des études de théologie !), mais il avait raison de reprocher aux institutions religieuses d'utiliser Dieu afin de diviser les membres d'une même famille qui s'aime.

Toutes les religions parlent du soleil, malheureusement elles expliquent ensuite qu'il faut le regarder à travers leurs propres fenêtres pour le voir de la façon la plus juste possible. La fenêtre devient alors plus importante que le soleil.

Sur le mont Sinaï, Moïse demande à Dieu : « Comment t'appelles-tu ? » Dieu lui répond qu'il ne doit pas le savoir. Il n'y a ni métaphysique ni tradition qui permette de le savoir. La seule chose que Moïse puisse savoir, c'est la réponse de Dieu : « Je suis ici celui qui sera ici. »

Jean-Yves Leloup, que devient votre discours sur le regard de la foi qui ne condamne pas si on l'applique à celui qui symbolise le Mal en Occident : Ben Laden ?

JEAN-YVES LELOUP : Je me pose encore la question : « Comment arrive-t-on à pervertir les choses les plus nobles pour les imposer à autrui ? » Il y a d'abord cette insécurité fondamentale en chacun de nous, cette peur qui nous conduit à chercher des compensations à travers la volonté de puissance, tant au niveau personnel que collectif. Dans un dialogue avec cet autre menaçant, c'est cela qu'il faudrait prendre en considération : sa peur, son insécurité, qui engendrent la violence.

On peut répondre à la violence par une violence plus grande – tu tues un homme, je rase ton village –, c'est la loi de la jungle. On peut y répondre par une violence égale – œil pour œil, dent pour dent –, c'est la loi de Moïse, et c'est déjà une limite à la violence. Le Christ, lui, propose de répondre à la violence par la conscience. Mais comment donner voix à la parole avant de la donner aux armes ? D'autant plus que toute parole est livrée à notre interprétation ; alors comment donner une interprétation qui ne nous enferme pas dans la lettre mais qui nous fasse passer à une parole qui sauve et qui guérit ?

Par rapport à l'islam, toute la question est dans les différents niveaux d'interprétation du texte. Dans nos églises aussi, certains catéchismes peuvent être criminels, dans la mesure où ils arrêtent la pensée en prenant une explication de la parole pour la parole. Il en est de même pour l'islam quand une interprétation du Coran se substitue au Coran, à la Parole vivante ; cela tue.

La foi n'est pas l'apanage des croyants ; cette foi laïque aide-t-elle autant à vivre que la foi en Dieu ?

E. D. : « Si tu rencontres le Bouddha sur ton chemin, tue-le ! » affirme le bouddhisme. Cela signifie qu'aucune représentation figée ne peut être identifiée à Dieu. Dans ma pratique de pastorale ou de psychothérapie, je rencontre beaucoup de gens qui me parlent de Dieu ; pour tous, je me suis rendu compte que derrière le mot « Dieu » se cache la peur qu'ils avaient de leur propre père. Freud n'a jamais eu autant raison. Le problème vient du fait que l'Église institutionnelle récupère ces expériences-là pour interdire à l'homme de sortir de ses peurs infantiles et exclure ceux qui ne sont pas dans la norme dogmatique.

Depuis des années, je suis mal vu car je pense qu'on ne peut parler de Dieu qu'à la manière des poètes et des prophètes. C'est ce qu'a fait Jésus dans le Nouveau Testament. Les poètes et les écrivains ne se font pas la guerre entre eux ; en revanche si vous donnez le pouvoir à des théologiens, toute Bible se transformera en manuel de guerre ! Voilà pourquoi, au lieu de vivre par la foi, nous appartenons à une institution ecclésiale.

Concernant Ben Laden, je pense qu'on regarde les choses par le mauvais bout de la lorgnette. Il ne s'agit pas ici de fanatisme religieux, mais de terrorisme politique qui exprime des droits bafoués que nul ne veut reconnaître. Au XXe siècle, aucun peuple n'a pu se libérer du colonialisme sans passer par un bain de sang. La guerre d'Algérie a été un massacre mêlé de terrorisme. Mais, sans cela, l'Algérie n'aurait pas été libre aujourd'hui.

Seule exception : Gandhi, qui rappelait qu'avec la loi du talion – œil pour œil... – le monde entier serait aveugle. En 1945, Gandhi a dit à propos d'Hiroshima : « Hitler a vaincu Hitler. » J'ai bien peur qu'en Afghanistan Ben Laden ne finisse par vaincre Ben Laden.

Est-ce la foi qui nous aide à vivre, ou bien est-ce la grâce ?

J.-Y. L. : Dans la tradition ancienne, la grâce et la nature, l'effort de l'homme et le don de Dieu ne s'opposent pas. L'oiseau a besoin de ses deux ailes pour voler. Si j'ouvre toutes mes limites à « Celui qui est », il y a une communion. Ma foi et la grâce sont en harmonie.

La foi aide-t-elle à supporter la souffrance, à la combattre ou à nous en détacher ?

J.-Y. L. : Face à la souffrance, il y a plusieurs étapes. On ne peut pas faire mieux que le Christ ; d'abord lui dire non, la combattre : « S'il est possible que cette coupe s'éloigne de moi... » Il n'y a aucune complaisance à l'égard de l'injustice, de la bêtise et de la souffrance, il faut dire non. Ma foi est alors un combat contre la souffrance. C'est ce qui se passe lorsqu'on accompagne un malade : tout faire pour le soigner. Mais si, ayant tout fait pour le guérir, la souffrance et la mort sont là, on entre dans une deuxième étape : l'acquiescement à ce qui est, pour que ce qui m'arrive aboutisse à un accroissement de conscience. Là, la foi sauve mon humanité : dans les situations les plus insupportables, le Christ sauve la dignité de l'être humain : « Ma vie, on ne me la prend pas, c'est moi qui la donne. » À ce moment précis, la foi m'aide non seulement à vivre mais à mourir *vivant* !

Faut-il avoir peur de nos émotions ?

L'Évangile au risque de l'émotion

par Alain Houziaux

Je n'aborderai pas directement la question : « Faut-il avoir peur de ses émotions ? » Je ferai seulement quelques remarques sur la place des émotions dans une parabole de Jésus.

Posons d'abord une première question : qu'est-ce qu'une émotion ? On distingue six émotions de base : la joie, la colère, la peur, la tristesse, le dégoût et la surprise [1]. Ce qui est remarquable, c'est que ces émotions existent aussi chez les primates. Chez l'homme elles se manifestent par des mimiques significatives et elles sont associées à un ensemble de données physiologiques spécifiques (rythme cardiaque, température cutanée...). Elles sont largement prédéterminées par la biologie, le sexe, la génétique (*cf.* les « humeurs »), le cycle menstruel chez les femmes. La testostérone, hormone sexuelle masculine, favorise l'agressivité, et les hormones sexuelles féminines (la progestérone en particulier) favorisent l'anxiété et l'humeur dépressive.

1. Cf. Paul Ekman, cité par Alain Braconnier dans *Le Sexe des émotions*, éd. Odile Jacob, p. 45.

La parabole du fils prodigue et du fils aîné (Luc 15)

Venons-en à notre présentation psychologique d'une des paraboles de Jésus. Je lirai cette parabole de manière tout à fait profane, comme si c'était un fait divers sans signification religieuse.

Il était une fois un fils libertaire et contestataire. Il décide de quitter la maison de son père. Il ne veut pas rester dans la ferme familiale. Il veut rester un adolescent, un individualiste, un non-conformiste. Mais voilà que quelques années plus tard, à l'âge mûr, il est déçu de ses libérations religieuses, sexuelles et financières. Il décide de retourner chez son père. Il veut retrouver une maison sûre. Il retrouvera les bonnes valeurs familiales, religieuses et économiques. Il veut sauver sa vie, ce qui lui reste de vie.

Voilà pour la parabole du fils prodigue. Mais ce fils prodigue a un frère aîné. Et que nous raconte la parabole du fils aîné ?

Il était une fois un fils sage comme une image. Lui, il reste à la maison paternelle. Il se prépare à prendre la succession de son papa. Ce fils aîné, c'est plutôt un orthodoxe et un traditionaliste. Il respecte les liturgies familiales et les valeurs religieuses et morales. Mais voilà que quelques années plus tard tout se gâte. À l'âge mûr, à l'occasion du retour de son frère, le fils aîné est saisi par le démon de midi. Il fait sa crise d'adolescence au beau milieu de sa vie. Il se met à protester contre son père, contre son

Dieu, et peut-être contre son épouse légitime. « Voilà tant d'années que je te sers, dit-il, et je n'ai jamais pu vraiment me réjouir. Je n'ai jamais pu faire la fête. » Se serait-il, lui aussi, trompé de vie ? Et le fils aîné refuse de rentrer à la maison familiale. Il veut sauver sa vie, ce qui lui reste de vie à vivre. Le fils aîné va-t-il, lui aussi, comme le fils prodigue, quitter la maison paternelle ? Ce n'est pas exclu. L'histoire ne le dit pas.

Ainsi, cette double parabole s'organise comme un chassé-croisé. Le fils aîné, c'est-à-dire le fils orthodoxe, en hésitant à rentrer à la maison du père, pourrait bien prendre son envol et commencer comme le fils prodigue, mais un peu plus tard, sa crise de contestation. Le fils prodigue, lui, à la fin de son chemin protestataire, revient à la maison du père et pourrait bien devenir un nouveau fils aîné, fidèle et orthodoxe.

On a souvent opposé les deux fils, le fils prodigue, libertaire et vagabond et le fils aîné, discipliné et sédentaire. En fait, nous le verrons, ils ne sont pas aussi différents qu'on pourrait le penser. Mais, c'est vrai, ils vivent leur conversion de manière très différente. Ce que j'appelle « conversion », c'est l'« implosion » du fils prodigue et l'explosion du fils aîné. L'implosion du fils prodigue, c'est la dépression, le dégoût et la tristesse : il décide de retourner à la maison paternelle. L'« explosion » du fils aîné, c'est la colère, la jalousie et la révolte. Il refuse de rentrer à la maison paternelle.

Les deux frères sont donc affectés par des émotions différentes. Le fils cadet est affecté par une émotion introvertie et même intropunitive. Par ses émotions intropunitives (peur, anxiété, tristesse, culpabilité, honte), le sujet reporte sur lui-même l'origine de l'affect qu'il ressent. L'aîné en revanche, est affecté d'une émotion extravertie. Par ses émotions extraverties (colère, jalousie), le sujet attribue son émotion à une cause extérieure [1].

Les émotions du cadet (le fils prodigue) sont dues à des sentiments. En revanche, celles de l'aîné sont dues à des faits. À la différence de l'émotion introvertie, l'émotion extravertie peut trouver son apaisement dans sa seule extériorisation. Le fait de se mettre en colère (comme le fils aîné), et même d'exagérer cette colère, cela vous apaise.

Mais avant cette implosion du fils prodigue et cette explosion du fils aîné, les deux frères se ressemblent. Où est donc cette ressemblance ? Elle se situe dans le fait qu'ils refusent tous deux d'exprimer leurs émotions. Ils veulent coûte que coûte agir selon des règles, comme s'ils voulaient tuer, ou du moins meurtrir, leurs émotions, comme si leurs décisions et leurs relations à autrui devaient être seulement rationnelles, contractuelles et impersonnelles.

Pour le fils aîné, c'est parfaitement clair. Il vit dans la maison paternelle comme dans un couvent.

---

1. Les émotions introverties seraient, semble-t-il, plutôt féminines et les émotions extraverties plutôt masculines.

Il est décidé à meurtrir en lui tout désir, toute affection et toute émotion. Il sera et il restera sage comme une image, discipliné comme un soldat de plomb. Il sera discipliné, aseptisé, rangé, casé, réglé comme du papier à musique. Sans émotion, sans expression, sans personnalité. Employé modèle. Alors que son frère vit sans foi ni loi, le fils aîné n'est rien d'autre qu'un rouage de la loi paternelle, il n'est qu'une solive du toit paternel. C'est un conformiste de la droite traditionnelle. Certes, c'est lui qui est le nu-propriétaire de la ferme (le père n'en a que l'usufruit), certes il pourrait solliciter un « droit de jouissance » (quel vilain mot pour un être aussi monacal), par exemple sur un chevreau pour se réjouir avec ses amis (si tant est qu'il ait des amis). Ce qui caractérise le fils aîné, c'est qu'il est un homme de contrat. En échange de son travail, il a le gîte et le couvert. Il ne doit rien à personne. Il ne demande rien à personne, surtout pas à son employeur et encore moins à son père. Le don, il ne connaît pas ! La révolte, il ne connaît pas ! La grâce, il ne connaît pas ! Le « pour rien », il ne connaît pas ! Les bons comptes font les bons amis, justement parce que cela évite d'être l'ami et le débiteur de quiconque. L'adage du fils aîné, c'est : « Pas d'émotions, pas de complications ! »

Et pour le fils prodigue ? Eh bien il en est de même. L'émotion, il ne la connaît pas ou plutôt il ne veut pas la connaître. Qu'on en juge :

Les femmes et l'amour ? Que nenni ! Le fils prodigue ne veut connaître ni l'amour ni les émotions de l'amour. Le fils aîné dit ce qu'il en est. Le fils prodigue n'a de relations qu'avec des prostituées. Les relations tarifées, c'est plus sécurisant et plus rassurant. Donnant donnant, je ne dois rien à personne. En matière d'amour, le contrat de travail et de louage de service, c'est ce qu'il y a de mieux, de plus sûr et de moins problématique. Pas d'émotions, pas de récriminations, pas d'implication, pas de regrets.

Des relations avec les patrons ? C'est pareil. Le fils cadet, bien qu'il soit affamé, refuse de manger les caroubes qu'il donne aux pourceaux. Pourquoi ? Peut-être parce qu'il est juif et que la loi juive lui interdit non seulement de manger du porc mais aussi des aliments qui ont été souillés par le contact des porcs. Mais peut-être aussi parce qu'il se refuse à toute entorse par rapport au contrat de travail qui le lie à son employeur. Ce contrat, c'est de donner à manger aux pourceaux, ce n'est pas l'autorisation de manger ce qu'il doit donner à ces pourceaux. Le fils prodigue ne veut rien devoir à personne, même pas des caroubes ! Pas de lâcher-prise par rapport aux règles, pas de prise donnée à l'adversaire, c'est-à-dire à l'autre.

Et les relations avec son père ? C'est du pareil au même. Certes on pourrait penser qu'il a manifesté quelque émotion en quittant son père. Mais il s'est débarrassé de cette émotion en fondant sa décision sur le Code civil de l'époque : « Donne-moi la part de bien qui doit me revenir. » Et, de même, lorsqu'il décide de retourner chez son père, cela ne l'empêche pas de préférer les règles aux émotions. Ce qu'il propose à son père, c'est un contrat clair et net. Il ne veut pas être un fils au père (un « fils à papa ») ni au pair. Il veut être seulement un serviteur. Il fera son travail, il obéira à son patron de père en échange du gîte, du couvert et peut-être d'un salaire. Rien ne vaut un bon règlement pour couper court au côté corrosif des fantasmes et des émotions.

Bref, le fils prodigue demande à devenir un fils aîné. Pour lui comme pour le fils aîné, c'est l'émotion qui risque de cancériser les relations, c'est l'esprit qui tue et c'est la lettre du contrat qui fait vivre.

En revanche, c'est clair, le père est à l'opposé des deux fils. En fait, celui qui est « prodigue », ce n'est pas le fils cadet, c'est le père. Il est prodigue en générosité, en affectivité, en largesses et en émotions. Il est « prodigue », aussi, en malentendus, en irrationalité. Il est totalement déphasé par rapport au fils prodigue. Le fils cadet veut un contrat de serviteur et le père lui donne un statut de fils libre, les sandales aux pieds et l'anneau au doigt. Le fils cadet veut des revenus stables, réguliers et assurés pour ses vieux jours et le père casse la tirelire en tuant le veau gras. Le fils veut être serviteur de façon à avoir toute son indépendance et le père lui octroie la liberté et ainsi le rend redevable de cette grâce.

Vis-à-vis du fils aîné, le malentendu est aussi complet. Le père lui rappelle que toute la propriété familiale est à lui, son fils (en effet, rappelons-le, il a partagé son bien entre ses deux fils), mais dans son inconscience et son innocence, il agit comme si tout était à lui, puisqu'il a tué le veau gras pour le fils cadet, sans même en avoir parlé avec le fils aîné.

Sa générosité est de l'ordre non pas du tout ou rien, mais du tout et rien. En donnant tout, il ne donne rien. Qui trop embrasse mal étreint. Le mieux, ou le trop, est l'ennemi du bien et du juste.

En conclusion, les deux fils ont peur de leurs émotions, et le père, lui, fait peur avec les siennes. Les émotions font peur. C'est pourquoi nous cherchons le refuge des règles impersonnelles et contractuelles. Codifier tous les comportements par des règles, c'était le rôle de l'« étiquette » à la cour des rois, et c'est toujours le rôle des conventions – celles du savoir-vivre comme celles des contrats de travail. Les conventions suscitent un ordre social, c'est-à-dire des médiations impersonnelles entre les sujets affectifs et émotifs.

L'émotion, c'est l'authentique

De façon plus générale, notre désir, tout comme l'émotion, nous fait peur parce qu'il nous déséquilibre. Et plus le désir risque de nous emporter, plus il sécrète, comme s'il sécrétait lui-même son contrepoison, le désir de l'ascèse et la discipline. C'est là le paradoxe. Les règles qui ont pour fonction de meurtrir le désir procèdent en fait de ce désir lui-même. Le désir, parce qu'il suscite un déséquilibre, sécrète lui-même le désir des règles pour pallier ce déséquilibre.

Faut-il donc avoir peur de ses émotions ? Certes pas ! L'émotion, c'est la seule chose qui soit absolument authentique. Je trouve bien qu'on pleure au cinéma. C'est ridicule, mais c'est authentique. Et je trouve bien aussi qu'on ne pleure pas à la mort de sa mère. C'est révoltant, mais c'est également authentique. On ne peut pas tricher avec les émotions : on les éprouve ou on ne les éprouve pas, un point c'est tout. Tout ce que l'on se prêche à soi-même pour se dire que l'on devrait éprouver une émotion ou que l'on ne devrait pas en éprouver, tout cela est de l'ordre des idées, des raisonnements, des devoirs et des morales, en un mot : de l'inauthentique.

C'est ce que dit Malraux : « Un homme qui se fout de tout, s'il rencontre réellement le dévouement, le sacrifice ou l'un quelconque de ces trucs-là, il est foutu. » Et pourquoi donc ? Parce que tout simplement il éprouve de l'émotion.

Certes l'émotion vous perd, mais c'est peut-être cela même qui vous sauve. De quoi ? De l'ennui de vivre.

Éloge des émotions paisibles

par Michel Lacroix

Je voudrais aborder la question posée en me tournant successivement vers le passé puis vers le présent. Quelle réponse était donnée autrefois à cette question et quelle réponse a-t-on tendance à donner de nos jours ? La réponse traditionnelle était, le plus souvent, affirmative. Oui, disait-on, il faut avoir peur de ses émotions. Il y eut, jusqu'aux années soixante, une convergence de trois condamnations.

D'abord, une condamnation au nom de la bienséance. Les manuels de savoir-vivre du XIXe siècle et de la première moitié du XXe siècle répètent inlassablement que, sous peine de paraître impoli, il convient de ne pas manifester sa colère, sa surprise, sa joie, son dégoût. L'enfant et l'adulte étaient astreints à un sévère contrôle d'eux-mêmes. Une véritable censure pesait sur l'expression des émotions. L'idéal qui sous-tend le discours de la civilité de jadis est l'homme plein de réserve, de retenue. Le sociologue et historien Norbert Elias a d'ailleurs montré que ce contrôle de soi était le résultat d'une répression de l'affectivité commencée à la fin du

Moyen Âge et qui a atteint son point culminant au XIXe siècle[1].

La deuxième condamnation de l'émotion provenait de la philosophie et de la science. La note dominante de l'anthropologie philosophique traditionnelle est, en effet, le rationalisme. La philosophie voit dans l'émotion une perte d'humanité, un événement qui nous rabaisse, nous ravale à l'animalité. Elle exalte les fonctions supérieures, la raison, la volonté, en lesquelles se reconnaît, selon elle, la spécificité humaine.

L'anthropologie scientifique allait dans le même sens. Pensons à la paléontologie, qui nous caractérise comme *Homo sapiens sapiens*. Deux fois *sapiens* ! C'est une façon appuyée de souligner la dimension rationnelle de l'homme. Pensons aussi à la psychologie académique qui, jusqu'aux années soixante, délaissait l'émotion. Quand elle consentait à l'examiner, c'était d'un point de vue exclusivement utilitaire. L'émotion est-elle utile ou pas ? demandait-on. Globalement, la réponse donnée par la psychologie académique était la suivante : oui, concédait-elle, l'émotion a eu un rôle positif au cours de l'évolution des hominidés ; elle a exercé une fonction adaptative. Ainsi, la colère impressionnait l'adversaire et, par conséquent, elle constituait un avantage dans la lutte pour la survie... La surprise s'accompagnait d'un écarquillement des yeux qui permettait de mieux voir... Le dégoût faisait éviter les substances

1. Voir *La Dynamique de l'Occident*, éd. Presses Pocket.

qui pouvaient être nuisibles... Mais, ajoutait-on, dans le monde civilisé, technicisé et protégé d'aujourd'hui, cet outillage génétiquement programmé a cessé d'être utile. L'émotion a perdu sa fonction adaptative originelle. C'est désormais un équipement suranné, qui gêne l'action. Elle est devenue un *handicap*, un *raté de l'action*. Ce sont ces qualificatifs négatifs que la psychologie académique appliquait à l'émotion dans les années cinquante et soixante.

La troisième condamnation a été prononcée après la Seconde Guerre mondiale au nom d'impératifs sociopolitiques. Le souvenir des débordements émotionnels des années trente était alors très présent. On se rappelait les foules massées à Nuremberg ou sur la Piazza Venezia électrisées par des dictateurs. On voyait les enthousiasmes meurtriers du communisme. L'émotion apparaissait donc comme un véritable danger historique.

À la même époque, un gigantesque arsenal nucléaire se développait sous la pression de la guerre froide. Et, par suite, le spectre qui rôdait dans la psyché collective était l'homme d'État qui, perdant le contrôle de lui-même, appuierait inconsidérément sur le bouton de la guerre atomique. Là encore, l'émotion apparaissait comme une menace.

Parallèlement, on rêvait d'une société organisationnelle, planifiée, rationalisée. Tel fut le grand mythe technocratique des années cinquante et soixante. Face à cette utopie, l'émotion faisait figure de maillon faible. Elle mettait en péril la belle ordonnance de la société organisée et contrôlée.

Quittons maintenant le passé et venons-en au présent. Tout se passe comme si, après des siècles d'ostracisme, l'émotion était enfin relevée de son indignité.

L'homme contemporain tourne le dos à l'ancienne vision péjorative de l'émotion. « Cessons d'avoir peur de l'émotion », tel est le leitmotiv de notre époque. On assiste à un retour de l'émotion.

L'interrogation sur les causes de ce changement nous entraînerait hors du cadre de cet exposé [1]. Aussi me contenterai-je de relever quelques indices significatifs qui portent témoignage de ce retour.

Premier indice, le retour du religieux. Pour beaucoup d'individus de notre époque, il ne s'agit pas de retrouver le chemin des dogmes, des catéchismes et des credos, mais d'essayer de vivre, dans les fibres mêmes de l'être, une *expérience* religieuse. On veut goûter à la saveur de l'état mystique, à la transe, aux états modifiés de conscience, à l'extase, au sentiment océanique, au « numineux » – en un mot, c'est d'*émotion religieuse* qu'on a besoin.

Deuxième indice, les grands rassemblements émotionnels qui, régulièrement, secouent l'opinion. On assiste à des flambées de la psyché collective, à des ondes de choc occasionnées par des événements qui peuvent être prévus ou imprévus (mort de Lady Diana, affaire Dutroux, éclipse du 11 août 1999, double victoire des Bleus en 1998 et 2000, attentats du 11 septembre 2001, etc.).

1. Cf. notre livre *Le Culte de l'émotion*, éd. Flammarion.

Troisième indice, le message délivré par les psychothérapies. Au-delà de la diversité de leurs approches théoriques et cliniques, les psychothérapies se rejoignent sur trois principes qui sont affirmés avec force :

– l'émotion n'est pas en soi pathologique ;

– ce qui est pathologique, ce qui nuit à l'équilibre psychique, c'est non pas le fait de ressentir des émotions, mais de les refouler, de dénier leur existence, de les maintenir dans le non-dit ;

– la guérison, la réparation psychique, passent donc par une libération de l'émotion.

Quatrième indice, l'image actuelle des hommes politiques. Outre une compétence de leader et de gestionnaire, on attend d'eux une « compétence émotionnelle ». Il faut qu'ils soient capables de ressentir les choses, d'éprouver de l'empathie pour leurs concitoyens. Ils doivent pouvoir partager. Partager le meilleur ou le pire : ce sera tantôt la joie (cf. leur présence dans les stades pour les finales sportives), tantôt la tristesse, la colère, l'affliction (cf. G. W. Bush face aux événements du 11 septembre).

Cinquième indice, l'apparition, sous l'influence de la neurobiologie contemporaine, d'une anthropologie qui revalorise l'émotion. Impossible ici de ne pas citer les travaux d'Antonio Damasio. Sur la base d'observations cliniques, il montre que, loin d'être exclusif de l'émotion, le comportement raisonnable et rationnel s'appuie sur elle. Il la suppose. « Le moteur de la raison a besoin de l'émotion [1] », écrit Damasio.

1. Cf. *L'Erreur de Descartes*, éd. Odile Jacob.

Récapitulons. Dans le passé, on répondait oui à la question : « Faut-il avoir peur de ses émotions ? » Au contraire, l'époque actuelle répond non. Cela m'amène à l'interrogation suivante : faut-il être totalement de notre époque ? Faut-il accepter une réhabilitation inconditionnelle ?

Ma position sera nuancée. Je crois que, fondamentalement, il ne faut pas avoir peur de l'émotion. Mais, en revanche, il importe d'être circonspect et d'exercer son discernement. Il y a en effet quelque chose qu'on doit redouter : ce n'est pas tant l'émotion que le *mauvais usage* de l'émotion. Pour dire les choses autrement : l'orientation que nous donnons à notre vie émotionnelle est-elle toujours enrichissante, favorable à l'éveil de la personnalité, à la culture de l'âme ? Je ne suis pas sûr de pouvoir répondre affirmativement à cette question, et ce en raison de trois dérives que chacun peut observer dans la société actuelle.

D'abord, une tendance au « toujours plus ». On veut toujours plus d'intensité émotionnelle. On cherche à faire provision d'un maximum de sensations fortes. On privilégie l'excitation, l'agitation, on multiplie les situations déclencheuses d'adrénaline dans un esprit consommatoire. Exemple : à 17 heures on fait du saut à l'élastique ; à 20 heures on regarde une fiction télévisée qui nous tient en haleine ; à 23 heures, on rejoint une rave-partie... Caricature, certes, mais qui reflète bien l'esprit de notre temps...

Autre dérive, l'artificialisme. Notre vie émotionnelle est placée sous le signe de la technicisation. Nous demandons sans cesse à des objets techniques de nous stimuler, de nous faire vibrer : des voitures rapides, des jeux vidéo, des appareillages sportifs sophistiqués, des images de synthèse époustouflantes, etc., et ce au détriment des émotions ayant leur source dans ce qui est simple et naturel.

Enfin, il se produit un glissement vers les émotions négatives : peur, dégoût, épouvante, horreur. Les statistiques montrent qu'un adolescent qui a regardé la télévision depuis son plus jeune âge à raison de trois heures et demie par jour (durée « normale »), a assisté à 40 000 scènes de meurtres et a été le témoin de 3 000 agressions sexuelles.

Le résultat de cette triple dérive est évident : on délaisse les émotions paisibles, calmes, contemplatives, c'est-à-dire celles qui pourraient enrichir la vie intérieure, celles qui passent par le contact avec les beautés de la nature et les œuvres d'art et qui supposent une présence au monde sur le mode de la lenteur et de la disponibilité. En un mot, l'émotion choc éclipse l'émotion contemplative.

Cela m'amène à ma conclusion. Il ne faut pas avoir peur de l'émotion, en revanche il est urgent de se préoccuper de l'orientation donnée à notre vie émotionnelle. Il faut empêcher la dégradation de la sensibilité. Sinon, on risque d'aboutir à la situation suivante : l'homme *s'émouvra* de plus en plus mais, paradoxalement, il sera de moins en moins capable de *sentir.*

ANDRÉ GOUNELLE : *L'émotion est-elle spontanée ou fabriquée ?*

MICHEL LACROIX : Les deux ! Il y a une dimension génétique, naturelle, qui échappe à la diversité culturelle. Les éthologues remarquent que l'expression des émotions de base – peur, joie, colère, dégoût – est identique quelle que soit la diversité des civilisations. Elles ont donc un noyau héréditaire, génétique et programmé. Et en même temps, dans ses manifestations les plus recherchées, l'émotion va se conformer à des stéréotypes culturels diversifiés.

Quelles sont les limites d'une éducation à l'émotion ?

M. L. : Ce domaine de l'émotion est trop délaissé sur le plan éducatif. Or les premières relations de l'être humain avec son environnement extérieur sont fondées sur la communication émotionnelle. Les premiers partages de notre vie sont des partages émotionnels. Pensons aux relations entre la mère et son nourrisson...

D'où un objectif à assigner à tout pédagogue : se préoccuper de maintenir et de développer chez l'enfant l'aptitude au partage émotionnel. Un livre a eu beaucoup de succès aux États-Unis : *L'Intelligence émotionnelle*, de Daniel Goleman. Il montre que beaucoup de problèmes sociaux – violence, agressivité, etc. – sont dus à une défaillance dans les mécanismes de partage émotionnel et d'empathie.

Un second objectif serait d'affiner la sensibilité au contact des belles œuvres. Les grandes œuvres de la littérature, du théâtre et de l'art en général sont un gisement immense pour enrichir notre vie émotionnelle.

Une émotion individuelle peut-elle devenir collective ?

M. L. : Le propre de l'émotion est de s'inscrire dans l'interrelation. Il y a donc une contagion possible de l'émotion, qui « se » communique. Je pense aux mécanismes d'influence mis en évidence par les psychologues concernant les relations parents/enfants. Je pense aussi au film *Le Cercle des poètes disparus* où un professeur de lettres parvient à communiquer son enthousiasme pour la poésie à toute une classe.

L'émotion est-elle de l'ordre du physiologique ou du sentiment ?

M. L. : Le critère de démarcation entre émotion et sentiment, c'est que dans l'émotion il y a un aspect temporel d'instantanéité, alors que le sentiment s'étire sur la durée. Deuxième critère : dans toute émotion il y a une dimension corporelle, physiologique – rythme cardiaque, décharge d'hormones, modification du rythme respiratoire...

L'émotion du bourreau

par François Bizot

C'est depuis le point de vue d'un témoin d'un crime d'État que je parlerai de l'émotion. En effet, le crime d'État des Khmers rouges rejoint celui de notre histoire occidentale car, depuis très longtemps, notre civilisation s'est elle aussi développée à partir de génocides et de massacres collectifs.

Sous cet angle, j'affirme qu'il ne faut surtout pas avoir peur de ses émotions, dès lors qu'on est plongé dans ces grands drames collectifs. Si l'émotion est en effet notre part animale, elle est aussi un véritable garde-fou pour l'homme, lorsqu'il est emporté par ses élans les plus dramatiques, car c'est elle qui s'oppose au génocide.

Pour pouvoir être perpétrés, tous les grands crimes se sont en effet appuyés sur le rejet de l'émotion. Quand son travail devient répétitif et « professionnel », le bourreau s'efforce de ne plus ressentir d'émotion ; il la bannit lorsqu'il donne la mort.

C'est bien la raison pour laquelle j'ai été libéré du camp où j'avais été emprisonné par les Khmers rouges : j'avais eu un certain niveau de partage avec le bourreau chargé de mon interrogatoire et de mon exécution [1]. Or l'émotion qu'il a ressentie du simple fait qu'un lien avait été créé entre nous l'a conduit à la conviction qu'il ne fallait pas me torturer, ni m'exécuter.

Cet homme dirigeait la prison de Toul Sleng. C'est lui qui enseignait à ses gardes comment procéder à la torture, en fonction de règles précises. Il insistait de manière très pédagogique sur l'impassibilité et le sang-froid nécessaires, que la torture soit sans accès de cruauté ni de sadisme : « Il faut vous débarrasser de cette idée que battre les prisonniers est cruel. La gentillesse n'est pas de mise ici. Vous devez les frapper pour des raisons nationales », écrivait-il. Le ressort de cette torture, qui seul permet de ne plus s'identifier à la victime et donc de la supporter, c'était la déshumanisation. Ne ressentant plus ce que l'autre ressent, j'anesthésie mes émotions, ce qui me rend capable de torturer sans état d'âme.

Voilà pourquoi il est fondamental de s'accrocher à ses émotions car leur inverse, l'homme dépourvu d'émotion, conduit à tous les grands drames.

Il est curieux de remarquer que l'homme s'adapte tout aussi bien à vivre ces deux situations : ressentir et exprimer ses émotions et s'en couper. C'est encore ce directeur de prison qui illustre bien ce cloisonne-

1. Quelques années plus tard, il reconnaîtra avoir procédé à 40 000 exécutions.

ment de l'émotion à l'occasion d'un entretien qu'il a donné juste avant son propre emprisonnement. Il explique que dans les derniers mois la frénésie des dirigeants khmers rouges avait porté à son paroxysme le besoin d'éliminer les « ennemis intérieurs ». Tous les révolutionnaires étaient donc emprisonnés à Toul Sleng où ils étaient torturés, passaient aux aveux et finissaient par être exécutés. Il se rendait bien compte que son propre tour approchait. Il explique que tous les matins, alors qu'il partait à son travail, sa femme craignant qu'il ne revienne pas manifestait bruyamment son inquiétude par des pleurs et des cris. Ainsi, elle vivait sans états d'âme à proximité du lieu de souffrance et de torture d'autres êtres humains, mais ressentait une immense angoisse pour son propre mari. On peut donc pleurer d'un côté et rester sec de l'autre.

Nous ne devons pas craindre nos émotions, ce que nous devons craindre, c'est nous-mêmes dévitalisés de la vie même !

En revanche, quand il s'agit de grands crimes d'État, cette dévitalisation des émotions semble nécessaire. Pour y parvenir, l'État a besoin de supprimer en nous l'émotion ; il a alors une petite « clé » que les gouvernements ont toujours utilisée : « La fin justifie les moyens. » C'est une formule diabolique qui permet à chacun de clore en soi l'expression de l'émotion. À partir du moment où la grandeur de l'objectif à atteindre justifie les moyens utilisés pour y parvenir, l'homme sort de sa condition animale pour entrer dans celle de l'histoire des hommes. Le moyen, c'est justement la coupure de l'émotion. La « fin » justifie que nous n'ayons plus d'émotion, ce qui permet d'accepter l'obéissance aveugle à des directives de tuerie.

MICHEL LACROIX : La politique d'un État, comme celui des Khmers rouges, visant à détruire une grande partie de la population, peut-elle s'imposer à un peuple par la seule voie cognitive et intellectuelle ? Il me semble qu'une politique de génocide doit agir aussi sur le levier de l'émotionnel, en allumant la passion, l'enthousiasme pour un idéal...

FRANÇOIS BIZOT : Certes, je l'ai dit, la mise entre parenthèses (ou mieux la coupure) de l'émotion est nécessaire pour la mise en pratique du génocide. En revanche, les slogans jouent beaucoup en amont pour mobiliser les foules, car par eux on agit sur l'émotion pour générer une révolution.

ANDRÉ GOUNELLE : J'ai connu un homme qui, au moment de la guerre d'Algérie, a retrouvé en rentrant chez lui sa femme et ses enfants égorgés. Il a pris une arme, il est sorti et il a tiré sur d'autres femmes et d'autres enfants qui n'y étaient pour rien. Dix ans après, il vivait dans la honte et dans le remords ; il me disait : « Si seulement je ne m'étais pas laissé emporter par l'émotion ! »

Pourquoi votre bourreau vous a-t-il laissé la vie sauve ?

F. B. : Je ne sais pas vraiment. Il avait vingt-sept ans, j'en avais trente. Une sorte d'amitié bizarre s'était créée entre nous, au milieu d'une cinquantaine d'autres prisonniers qui tous ont été exécutés.

M. L. : Chez Sénèque, ou chez Marc Aurèle se dessine la figure d'un être qui ne ressent ni joie ni tristesse, atteignant ainsi une supra-humanité, idéal qui a fait rêver beaucoup de générations dans le passé. Après votre expérience, quelle opinion avez-vous du stoïcisme, qui prône cet être capable de rester impassible face aux événements de la vie ?

F. B. : Vous parlez là d'un individu. Or mon bourreau obéissait à l'intérieur d'un système d'État. C'était au service d'une cause, avec l'objectif d'atteindre un ordre révolutionnaire qui devait supprimer les ennemis du peuple ou les espions, comme j'étais supposé l'être. C'est très différent.

Retour du religieux et retour de l'émotion

par André Gounelle

Je vais m'interroger sur l'émotion dans le domaine du religieux et plus particulièrement sous l'angle du christianisme.

La méfiance

Faut-il se méfier de ses émotions ? Plus que sur la méfiance, le christianisme insiste sur la confiance. Ce qui, pour lui, caractérise le fidèle, c'est qu'il a et qu'il fait confiance : confiance en Dieu (« Confie à Dieu ta route », dit un cantique très connu dans le protestantisme) ; confiance dans la vie (elle n'est pas vile, elle a du prix, elle n'est pas destinée à la perte, à l'anéantissement, mais au salut) ; confiance dans le monde (il est accidentellement et non intrinsèquement mauvais ; le positif finira par l'emporter sur le négatif) ; confiance en autrui (le prochain ou le semblable est un frère potentiel, et nullement un ennemi irréductible) ; confiance dans les textes, les dogmes, les enseignements, les rites, les personnages, les institutions sacrés ; confiance, enfin, dans les hommes de Dieu, dans les ecclésiastiques à qui on se confie, voire à qui on se confesse (quand l'un d'eux se conduit mal, sa faute paraît d'autant plus grave qu'elle trompe la confiance qu'on lui accorde). En grec, comme en latin, le même mot, *pistis* ou *fides* signifie foi et confiance.

Je n'entends pas contester ce lien étroit entre foi et confiance. Je suis cependant convaincu qu'en religion la méfiance a un rôle fondamental à jouer. Au lieu de chercher à l'écarter ou à l'éliminer, il me paraît essentiel d'apprendre à la pratiquer. Peut-être devrais-je parler de défiance plutôt que de méfiance. D'après le dictionnaire *Littré*, « se méfier de quelqu'un » veut dire penser qu'il nous trompe, ne lui accorder aucun crédit, tandis que « se défier de quelqu'un » signifie se demander s'il dit vrai, accueillir ses propos avec prudence et précaution. On ne refuse pas d'emblée et par principe ce qu'il dit, mais on n'entend l'accepter qu'après examen et réflexion. Il s'agit non pas d'un rejet systématique, mais de la retenue ou de la réserve de celui qui ne croit pas sur parole, qui veut vérifier.

Cette attitude critique qui ne prend rien pour argent comptant, qui soupçonne, pèse, mesure, évalue me paraît nécessaire en religion. Pourquoi ? À cause de la dualité ou de l'ambivalence de la religion, qui est à la fois, comme le disait Rudolf Otto, fascinante et effrayante. Elle est en même temps merveilleuse et horrible. Elle inspire des saints et suscite des assassins. Elle fait naître tantôt une immense générosité tantôt un impitoyable terrorisme. Elle stimule l'intelligence la plus fine et favorise la superstition la plus crasse. Une ancienne légende déclare que les démons sont des anges qui ont mal tourné. Dans ce qui est le plus angélique, sommeille toujours un démoniaque prompt à se réveiller, de même que dans le fanatisme Dieu prend un visage diabolique. La religion contient en même temps, indissociablement, le meilleur et le pire. À mes yeux de penseur croyant, la religion ne trouve sa vérité, sa justesse, son sens authentique que dans une lutte incessante pour développer le positif et museler le négatif afin d'empêcher l'angélique de virer au démoniaque. La religion doit constamment se méfier d'elle-même parce que la menacent des perversions qui sont le revers, la contrepartie de ce qu'elle donne et apporte.

Il faut se méfier des émotions religieuses, tout autant, ni plus ni moins, que des doctrines, des pratiques, des institutions religieuses, pas seulement ni principalement parce qu'on a affaire à des émotions, mais parce qu'en elles, comme en tout ce qui touche au religieux, se mélangent le céleste et l'infernal.

L'émotion et le sentiment

Ces deux mots ne sont pas synonymes. L'émotion n'est pas l'ensemble de la vie affective, mais seulement un de ses aspects ou une de ses formes.

Deux mots latins se combinent pour former le

mot « émotion » : *ex*, qui désigne ce qui se trouve au-dehors, à l'extérieur et *movere*, qui veut dire « mouvoir, remuer, bouger ». Quand ce qui se produit autour de moi ou ce qui vient d'ailleurs m'atteint, me pénètre, m'ébranle, me secoue, il y a émotion ; en revanche, elle est absente quand je reste indifférent, impassible, inchangé, soit parce que je ne saisis pas ce qui se passe, soit parce que je ne me sens pas intéressé, touché, ni concerné. Un film, un roman, un tableau, un morceau de musique, peuvent glisser sur quelqu'un, n'avoir aucun impact, lui rester étrangers. N'en concluons pas qu'il est apathique ou endurci. La vie intérieure et affective n'accueille pas tout ce qui vient du dehors. Des personnes qui, par ailleurs, ont une riche sensibilité peuvent être fermées ou imperméables à certains événements, à certaines situations, qui ne les émeuvent donc pas, alors que d'autres en sont bouleversées. L'émotion arrive, survient, surgit, provoque un choc, frappe comme une agression, en tout cas dans un premier temps et en partie. Elle nous heurte, nous bouscule nous dérange, nous déstabilise. Elle nous fait bouger.

Devant ces commotions ou perturbations, on peut repérer deux appréciations contraires. La première juge l'émotion négative, dangereuse et veut l'éviter. Le stoïcisme et certaines spiritualités orientales préconisent le détachement, la mise à distance. Elles invitent à se prémunir de l'extériorité par un travail sur soi, en cultivant et en renforçant la vie intérieure de sorte que rien ne puisse venir la troubler. Elles considèrent que le secret du bonheur, de la sagesse, réside en nous, dans les profondeurs de nos sentiments, de nos pensées, de notre vie intime et secrète alors que l'extérieur, l'émotion, relève du superficiel, et n'apporte qu'illusion, faux-semblant, agitation, désordre et destruction. À l'inverse, nous avons tous ceux qui insistent sur la rencontre, la relation, pour qui on ne vit vraiment que dans la confrontation amicale ou hostile avec les autres, dans un réseau d'échanges avec ce qui nous entoure, pour qui la vie consiste à courir des aventures, à relever des défis, bref à s'ouvrir à l'extériorité. Ici, au contraire, l'émotion apparaît positive et bienfaisante. Elle détourne de l'enfermement, elle pousse à sortir de soi, elle conduit à s'exposer, et donc à exister (pas seulement à vivre, dans exister il y a le *ex* de l'extériorité).

J'en viens au religieux. Le christianisme souligne que notre vie spirituelle naît et dépend d'une parole qui vient d'ailleurs, de Dieu. Elle se fait entendre depuis l'extérieur par la proclamation et la prédication de l'Évangile. Quand cette parole atteint quelqu'un, elle suscite en lui la foi, elle le convertit et réoriente sa vie. Autrement dit elle le bouscule, et elle est donc émotion puisqu'elle remue et fait bouger du dehors et qu'elle n'agit pas du dedans, à partir d'une méditation intérieure, d'une découverte de la profondeur de son être, ou de la culture d'une sagesse innée. Mais le christianisme pense également qu'il y a correspondance, accord, jonction entre cette parole externe et une vérité enfouie ou inscrite en nous à la création, ce qui lui permet de s'implanter en nous sans nous aliéner. « Ceux-là seuls, écrit Augustin, comprennent [Dieu] qui comparent sa voix venue de l'extérieur avec la vérité qui est à l'intérieur. » D'un côté l'émotion rencontre et éveille le sentiment, de l'autre le sentiment empêche l'émotion de rester passagère et superficielle. La vie spirituelle a besoin des deux. Elle doit se méfier tout autant d'un sentiment sans émotion, d'une culture de l'intériorité fermée à l'extériorité, que d'une émotion sans sentiment, d'une surexcitation ou d'une extase (encore deux mots qui comportent le *ex* de l'extériorité) qui secoueraient, ce qui est souvent bénéfique, mais sans conduire à une reconstruction, ce qui est catastrophique. L'extériorité de l'émotion et l'intériorité du sentiment, ou, pour employer le vocabulaire religieux, la proclamation et la méditation se conjoignent dans une foi vivante et authentique.

Affectivité et religion

Dans l'histoire des spiritualités chrétiennes, on peut distinguer des moments successifs, selon la place, prédominante ou subordonnée, qu'y joue l'affectivité.

Au XVIIIe siècle, à l'époque classique, la foi se veut sinon rationnelle, du moins raisonnable. Les prédications sont en même temps très claires et très intellectuelles. Elles ressemblent à des cours de théologie à l'usage du peuple. Elles exposent et expliquent la doctrine. Elles essaient de convaincre, de nourrir la vie spirituelle par des argumentations logiques. On a une religion qui privilégie le savoir et la pensée. L'émotion y joue certainement un rôle, mais elle ne se manifeste ou ne s'exprime guère ; elle reste contenue, discrète, seconde ; on ne la met pas en avant.

À la fin du XVIIIe siècle, s'opère une revalorisation de l'émotion que favorisera un peu plus tard le romantisme. Dans de célèbres *Discours sur la religion* publiés en 1799, le théologien protestant allemand Frierich Schleiermacher, écrit : « La foi est sentiment » – pas intelligence, sentiment. Parallèlement, le très catholique Chateaubriand publie en 1802 le *Génie du christianisme*, où il s'efforce non pas d'établir que le christianisme est la plus vraie des religions, comme on l'avait toujours fait, mais de montrer qu'il est la plus aimable, la plus touchante, celle qui procure les plus douces et les plus fortes émotions, celle qui satisfait le plus et le mieux les besoins, non pas de l'intelligence, mais du cœur. Il raconte sa conversion en termes significatifs : « J'ai pleuré donc j'ai cru. » Dans le protestantisme, se développent, au XIXe siècle, le réveil et le piétisme, deux types de spiritualité qui cultivent l'émotion et où, également, on pleure beaucoup. En 1841, une dame protestante, de passage au Chambon-sur-Lignon, décrit ainsi le culte auquel elle a participé : « Dès les premiers mots, on a commencé à frémir, et à la fin l'assemblée n'était qu'un sanglot. » On attend du pasteur, selon le mot de Schleiermacher, qu'il soit un artiste virtuose, comme un grand violoniste, et non pas un savant ; on lui demande d'émouvoir, pas d'instruire.

Après la Première Guerre mondiale, le protestantisme a réagi contre cette prédominance du sentiment. La vie spirituelle, affirme-t-il, ne doit pas rechercher l'émotion, mais s'efforcer d'entendre, de comprendre et de recevoir la parole de Dieu. La prédication devient alors une étude biblique scrupuleuse, parfois minutieuse, qui se soucie peu d'ennuyer les auditeurs du moment qu'elle leur apprend à bien lire la Bible.

Le temps de l'émotion est-il aujourd'hui revenu ? Plusieurs indices semblent l'indiquer, ainsi le développement de célébrations exubérantes, de formes de piété démonstratives. Est-ce un mal ? Pas forcément si deux conditions sont remplies, et c'est là que la méfiance critique, nécessaire pour empêcher l'ange de se muer en démon, intervient.

Premièrement, que l'émotion soit contrôlée pour lui éviter de dégénérer, canalisée pour la préserver des débordements et des déviations qui la menacent constamment, comme les manipulations de l'échauffement psychologique, ou la surexcitation qui va de sensation en sensation, de secousse en secousse, mais qui ignore le sentiment, l'intériorisation. L'humour, qui se moque de soi et de sa propre émotion, joue ici un rôle très important.

Deuxièmement, que l'émotion ne vienne pas supplanter la réflexion, se substituer à elle. Le cœur et l'esprit, le sentiment et la raison, la beauté et la logique ne s'excluent ni ne se contredisent, mais se renforcent mutuellement : les concertos brandebourgeois de Bach ou les opéras de Mozart ont une construction quasi mathématique, aussi précise et réfléchie qu'une démonstration algébrique, et cela contribue à leur puissance émotive. Il existe des textes philosophiques, je pense par exemple au cinquième livre de l'*Éthique* de Spinoza, qui sont en même temps très intellectuels et très beaux, et dont l'émotion qu'ils suscitent favorise la compréhension. L'émotion devient dangereuse quand on s'en sert comme d'un oreiller de paresse qui dispense de penser, de même que la pensée devient dangereuse quand elle se veut froide et se rend indifférente aux soucis, aux peurs et aux espoirs des êtres humains.

Se méfier de l'émotion, oui, mais se méfier ne signifie pas l'écarter, l'éliminer, la supprimer : cela veut dire lui donner sa juste place et apprendre à en faire un bon usage.

FRANÇOIS BIZOT : Pouvez-vous vraiment dire que l'émotion relève de notre part animale ?

ANDRÉ GOUNELLE : S'il y a une chose commune entre l'animal et l'être humain, c'est la faculté de ressentir le bonheur et le malheur, la faculté de souffrir. Il y a une souffrance animale qui fait que ce dernier ne nous est pas aussi étranger que certains veulent bien le dire.

Il semble difficile de séparer la part animale, divine ou diabolique de l'être humain. Tout s'imbrique. Pascal a merveilleusement montré que l'angélique devient vite diabolique. Combien d'images de Dieu, chez des croyants tout à fait fervents, relèvent du diabolique ! L'ange qu'on ne critique pas devient un démon ; un Dieu dont on fait une idole devient un diable.

MICHEL LACROIX : Aujourd'hui, dans la vie religieuse, quelles sont les lignes de force de la sensibilité religieuse par rapport à l'émotion ?

A. G. : L'émotion revient, avec les mouvements charismatiques de réveil. J'y vois un aspect juste, car il y a eu une époque où on s'est trop méfié de l'émotion en renforçant l'aspect rationnel, qui niait la partie émotive de l'être humain. Cela a aussi un aspect dangereux, car je remarque que souvent, dans ces groupes, l'émotion est l'oreiller de paresse qui permet d'éviter la réflexion, la mise en cause de soi-même. On fait appel à une expérience qui n'est plus pensée. Je suis persuadé que nous devons réhabiliter la partie esthétique des célébrations, sans favoriser la paresse pour autant.

F. B. : L'émotion serait-elle alors un moyen d'aborder de manière plus directe les mystères de l'existence de Dieu, puisqu'ils ne relèvent ni de la raison ni de l'intelligence ?

A. G. : La foi s'exprime dans les trois registres : émotion, rationalité, volonté, et la pire des choses serait de l'enfermer dans un seul registre.

Débat

Construit-on un couple dans la durée à partir de l'émotion amoureuse ?

ANDRÉ GOUNELLE : On ne bâtit pas une vie de couple sur la seule émotion mais, à l'opposé, on ne bâtit pas un couple sans émotion. Souvent le choc émotionnel initial permet au sentiment de se développer. Le danger serait, comme don Juan, de passer d'émotion en émotion sans prendre le temps d'aimer. L'amour suppose une altérité ; si on s'unit, on reste deux, on ne devient pas un. Dans l'amour fusionnel, l'un des deux est écrasé, parfois les deux. Il faut savoir rester deux, dans l'amour, pour qu'il y ait cette étonnement, cette surprise constante de l'autre.

Quelle place l'émotion a-t-elle dans l'éducation au sein de la famille ?

MICHEL LACROIX : De même qu'à l'échelle d'une société il y a des émotions qui sont permises et d'autres qui sont interdites, dans le microcosme que constitue une famille il y a une façon de concevoir et de vivre l'émotion Dans telle famille, on n'a pas le droit d'être triste, il faut une gaieté bruyante... Dans telle autre famille, on ne peut pas exprimer la colère. La petite fille peut pleurer mais non le petit garçon, etc. Cela peut constituer une répression au point que, devenus adultes, certains ont besoin de recourir à la psychothérapie pour libérer la charge d'interdit qui pèse sur leur vie émotionnelle.

Peut-on être intelligent si on n'a pas d'émotion ?

A. G. : Le mot « intelligence » est piégé, ce qui rend difficile la réponse à cette question. C'est à partir du XVIIe siècle qu'on commence à séparer raison et émotion, avec l'idée que la raison est calculante et technique. Mais cette raison-là n'est pas une intelligence, elle saisit un aspect de la réalité, mais en laisse échapper beaucoup d'autres.

En revanche, la compréhension inclut un élément de sympathie, même si elle n'est pas seulement sympathie. Dans la tradition biblique, un lien s'établit entre les deux termes de *logos* – la parole sensée – et d'*agapè* – l'amour. L'un ne va pas sans l'autre : il n'y a pas de sensibilité qui ne mette en jeu une réflexion et il n'y a pas de réflexion qui ne prenne pas l'émotion en compte.

FRANÇOIS BIZOT : Les événements récents à New York confirment que s'effondrent aussi tous nos espoirs de voir se forger un homme à l'image des représentations imaginaires qu'on s'en fait depuis toujours, peut-être pour exorciser nos peurs. Doit-on continuer à s'aveugler en cherchant à donner un sens à l'histoire qui serait celui du déploiement de la raison ? L'existence de l'homme est faite de moments qui le mettent à nu, sans autre idée directrice que celle qui relève de l'agir, de sa liberté à habiter le monde où il est apparu. C'est là tout le mystère et tout le drame. Sa capacité d'agir ne saurait se résumer à sa nature biologique dès lors qu'il est en mesure de penser ce qui relève de son action.

A. G. : Les attentats du 11 septembre sont faits pour provoquer l'émotion, justement. Il y a d'autres moyens d'atteindre la puissance des États-Unis, mais ce moyen-là a été choisi pour provoquer un ébranlement, remuer les foules. Dans la réplique du gouvernement américain, s'il y a la nécessité de faire face à des adversaires, il y a au moins tout autant la nécessité de gérer l'émotion du peuple américain. On voit bien là que l'émotion devient à la fois une arme et un facteur politique considérable. Cela est augmenté par les médias. L'attentat de Sarajevo en 1914 a choqué l'Europe, mais on ne l'a pas vu comme on a vu ces avions s'écraser sur les tours. L'émotion prend une autre dimension, la politique ne peut pas la négliger, peut-être quelquefois pour le pire.

Comment vivre quand on n'a plus d'espoir ?

« Une vie ne vaut rien, mais rien ne vaut une vie[1] »

par Alain Houziaux

Lorsque quelqu'un n'a plus d'espoir, le plus urgent n'est peut-être pas qu'il retrouve de l'espoir mais qu'il apprenne à vivre sans espoir.

La tâche de l'homme lucide, c'est de trouver un sens à cette absence d'espoir. C'est aussi de découvrir que cette absence d'espoir, bien loin de désespérer, peut donner le goût de vivre. C'est à ce renversement que je voudrais m'attacher.

La force du présent

Je prends un exemple : la mort. La mort, pour beaucoup d'entre nous, c'est ce qui fait que la vie est sans espoir et aussi sans sens. La vie se clôture par la mort. Elle est enfermée par le néant, en amont (qu'étais-je avant d'être né ?) et au-dessus (qu'y a-t-il

1. Malraux, dans la bouche de Garine in *Les Conquérants*, éd. Grasset, p. 216.

au-dessus de moi) ? Et au-delà (que serai-je après ma mort ?).

Mais voilà, la mort, surtout si nous la concevons comme définitive et irrémédiable, c'est aussi ce qui donne une importance définitive et « incontournable » (comme on dit) à chaque instant de notre vie. En effet, croire à une autre vie après la mort, c'est une manière de « contourner » l'importance unique et décisive de notre vie d'ici-bas. Au contraire, si on n'a pas d'espoir en une vie différente de celle-ci, c'est cette vie-ci qui devient importante. La vie n'est pas devant soi. Elle est maintenant.

Il n'y a pas très longtemps, j'ai rencontré un vieil homme perclus de rhumatismes dans son fauteuil. Il m'a dit : « Voyez-vous, il a fallu que j'attende l'âge de quatre-vingts ans pour prendre le temps de regarder cet arbre qui est là, de l'autre côté de la fenêtre. » Et il a ajouté : « Vous savez, dans ma vie, j'ai tellement perdu de temps à travailler, à défendre ma carrière, j'ai tellement dépensé d'énergie à des futilités d'amour-propre... Eh bien, maintenant, ce que je pense, c'est que le travail, l'ambition et le prestige, tout cela, c'est ce que l'homme a trouvé de mieux pour gâcher sa vie. » Et le vieil homme a ajouté : « Oui, maintenant je suis vieux, et pourtant c'est maintenant que je commence enfin à faire quelque chose de ma vie. Parce que ce que je fais maintenant, je le goûte, je le goûte vraiment. Et vous savez pourquoi ? Parce que je sais que je vais bientôt mourir et que, bientôt, je ne pourrai plus goûter à la vie. Oui, c'est ce que m'a appris cette phrase d'André Gide :

"C'est une constante pensée de la mort qui donne du prix au plus petit instant de la vie." » Et ce vieux monsieur a ajouté : « Et voyez-vous, ce que je regrette, c'est de ne pas avoir commencé plus tôt. Nul ne sait quand il va mourir. »

Dans le même sens, je voudrais ajouter, même si cela peut paraître paradoxal, que notre vie devient éternelle par le fait même qu'elle est la seule. C'est ce que dit Malraux dans *La Voie royale* : « Vous ne soupçonnez pas ce que c'est que d'être prisonnier de votre propre vie [...] la certitude que vous serez cela et pas autre chose, que vous aurez été cela et pas autre chose. » Certes c'est terrible, mais cela donne aussi une densité, une densité terrible, une densité incassable, immortelle et éternelle à ce qui a été vécu.

C'est aussi ce que dit Jankélévitch, dans *La Mort :* « Celui qui a été ne peut plus désormais ne pas avoir été ; désormais ce fait mystérieux et profondément obscur d'avoir vécu est son viatique pour l'éternité[1]. » Le fait qu'il a vécu est une vérité *éternelle.* Et ce qu'il a vécu devient aussi une vérité éternelle. D'ailleurs, notre usage grammatical le montre puisqu'on dit bien : « Il est vrai [au présent et non au passé] que M. Durand a vécu de 1740 à 1828. » Le fait qu'il ait vécu et ce qu'il a vécu dans le passé est une vérité pour toujours. C'est pourquoi en disant que notre vie ici-bas est la seule que nous ayons à

1. Cette phrase figure sur une plaque en mémoire de V. Jankélévitch apposée sur l'immeuble où il a vécu.

vivre, je ne pense pas m'opposer à l'enseignement du christianisme sur la vie éternelle. Car la vie éternelle, c'est cette vie-ci qui est rendue éternelle, parce qu'elle est gardée éternellement dans la mémoire et l'éternité de Dieu.

Ainsi, vivre en pensant que c'est cette vie-ci qui est faite éternelle, cela donne une densité intense, une force infinie, une importance définitive et absolue à ce que vous vivons.

Cela donne une gloire unique à l'aujourd'hui. « Une vie ne vaut rien, mais rien ne vaut une vie. » Cela donne du sérieux à la vie, cela donne de la force à la vie. « Pas de force, même pas de vraie vie sans la certitude, sans la hantise de la vanité du monde[1]. » Exister contre l'absurde, contre le sans-espoir, cela donne de la passion et de la furie à la vie. Il y a une forme de jouissance à vivre sans espoir. Cette jouissance, c'est celle de la lucidité acceptée, c'est celle de ne pas se faire de cinéma.

On dit souvent que le fait de n'avoir plus d'espoir incite au suicide. En fait les deux ne sont pas forcément liés. Je connais des gens qui ne sont en rien préoccupés par le fait qu'ils n'ont pas d'espoir et qui vivent très bien chaque moment du présent. Et, en revanche, je connais des gens qui vivent très mal le présent justement parce qu'ils ont toujours l'espoir que la vie pourrait être autrement ou devrait être autrement. Et ce sont bien souvent ceux-là qui se

---

1. Malraux, dans la bouche de Garine, in *Les Conquérants*, p. 229.

suicident. Vivre sans espoir, c'est aussi une manière de vivre heureux.

Le fait de vivre sans s'en remettre à l'espoir du lendemain, cela donne à la vie non seulement du sérieux et de la joie, mais aussi de la liberté au moment présent. La liberté, c'est la conscience de pouvoir mettre son grain de sel dans la fatalité. Notre liberté est de pouvoir mettre une clé de *sol* ou une clé de *fa* à cette fatalité. Notre liberté, c'est pouvoir faire de notre vie ou un chant, ou un cri, ou une plainte, même si la musique à jouer est décidée d'avance.

L'espoir, c'est la réponse à la question : « Que faire après l'échec ? » La liberté, c'est la décision face à la question : « Que faire avant l'échec inéluctable ? » La liberté, c'est une fulgurance dans la nuit, c'est de l'émotion à l'état pur, c'est la générosité de vivre pour rien, face au rien.

La foi grâce au désespoir

La dernière « chance » que peut susciter le fait de ne plus avoir d'espoir, c'est celle de la foi.

Car la foi ne peut apparaître que dans une faille. La foi en Dieu et en la grâce ne peut advenir que lorsqu'on n'a plus foi en l'avenir. La foi ne naît pas d'une sorte de « penchant » (de disposition) que l'on aurait pour l'espoir. Elle naît tout autant d'un « penchant » que l'on aurait pour le désespoir.

C'est notre désespoir qui peut nous jeter vers Dieu. C'est notre lucidité devant l'absurdité de la vie qui peut nous jeter sous la grâce. C'est notre obsession de l'absence de Dieu dans ce monde qui fait que Dieu nous tombe dessus.

« La grâce nous frappe dans le dos », a dit Bernanos. Elle nous attaque en traître justement lorsque nous avons perdu tout espoir qu'il puisse y avoir une grâce. Il nous faut avoir été jusqu'à la plus extrême pauvreté pour découvrir la grâce. Bienheureux les pauvres car le Royaume est pour eux. Bienheureux ceux qui ont perdu l'espoir du Royaume, car c'est alors que le Royaume vient à eux.

Le désespoir même peut nous conduire à Dieu et à nous jeter vers Dieu. On a tort de considérer que seuls la foi, l'espérance et l'amour constituent des chemins vers Dieu. Le sentiment d'insécurité, le désespoir et le sentiment de solitude y conduisent tout autant. C'est ce que montre bien le Targoun qui précise que « aimer Dieu de tout son cœur », cela signifie aimer Dieu avec les deux penchants de son cœur, celui vers la vie et le bonheur, et aussi celui vers la mort et le malheur. Il suffit de se rappeler la parabole du fils prodigue. C'est bien son désespoir qui le jette dans les bras du père.

Comme le montrent tous les héros de Bernanos, le désespoir est une forme d'accès au surnaturel. C'est lorsqu'on a saisi que la vie n'a pas de sens et que l'avenir n'a pas d'espoir que Dieu naît dans la fracture de notre nuit.

Car Dieu advient comme une provocation implacable justement lorsque nous avons fini par découvrir la vanité de nos espoirs, mais aussi la vanité de notre désespoir.

Car il y a une vanité du désespoir. Et il faut entendre « vanité » aussi dans le sens de « prétention orgueilleuse », la prétention orgueilleuse à se dire désespéré et à être désespéré. Se dire désespéré, c'est encore une manière de se donner de l'importance. On finit par se lasser même de sa plainte, même du tragique, même de l'absurde. La grâce advient alors comme la grâce de l'insouciance même vis-à-vis du désespoir.

La grâce c'est lorsque enfin je peux passer inaperçu même à mes propres yeux. Alors, dans cette forme de vie si ingénue, si modeste et si transparente, je ne sais plus ce qu'est l'espoir, je ne sais plus ce qu'est le désespoir. Je sais seulement ce qu'est la confiance et la paix.

L'impossible solitude

par Lytta Basset

« On » n'existe pas. Ce n'est pas *on* qui n'a plus d'espoir, mais moi, toi, elle ou lui. Et les amis de Job, bien décidés à le consoler, s'embourbent définitivement dans les « y a qu'à ». C'est qu'aucune foi en Dieu ou en l'humain n'est en soi une recette infaillible. Comme à Job, la parole ne me vient qu'à partir de mes pas chancelants sur le chemin qui me mène hors du désespoir. « Pourquoi donne-t-Il la lumière à celui qui peine et la vie aux amers de l'âme, à ceux qui attendent la mort... et pas (de mort) pour eux ? » (3, 20s). Job achève ainsi un long monologue où il crie son désir de n'avoir jamais été conçu et de n'être jamais né. Qui est ce « Il » dont il parle ? Un Dieu indéfini avec qui le dialogue est impossible et dont Job dira bientôt qu'Il le « bloque de tous côtés ». Comment se confier à un Dieu qui semble s'ingénier à détruire tout espoir de s'en sortir ? Et il y a pire que de n'avoir plus d'espoir. C'est l'expérience de ne pouvoir ni vivre ni mourir, d'être de ceux qui « attendent la mort... et pas de mort pour eux ». Vertigineuse inconsistance de celui ou celle qui, ne pouvant même plus dire « je », se classe parmi les innombrables « amers de l'âme » anonymes. Tourment que le philosophe Kierkegaard a eu l'intelligence et l'honnêteté de prendre en compte dans son *Traité du désespoir* ou *La Maladie à la mort.*

Les autres existent

Tant qu'il y a d'autres humains, leur présence peut *tenir lieu* d'espoir, au sens concret du terme : elle prend provisoirement la place de l'espoir. Car malgré la maladresse de leurs propos et de leurs gestes, ils sont des repères au milieu de nos sables mouvants. Par leur simple présence corporelle, ils nous parlent de notre humanité. Alors que, déracinés de l'existence dans sa durée, nous nous sentons fantomatiques, ils nous reflètent sans le savoir que nous sommes vivants. Même mutiques, ils ont le mérite d'être là à nos côtés. Il en est ainsi des trois amis présents au chevet de Job, durant sept jours et sept nuits, d'abord assez inspirés pour se taire devant « l'abîme de douleur ». Sept, le chiffre biblique de la complétude et de l'infini, pour que Job aille jusqu'au fond d'un désespoir sans fond et y retrouve la Parole. La simple densité des corps amis à ses côtés n'est-elle pas alors le plus discret et le plus fort des appels à subsister ? Leurs corps ne disent-ils pas le désir qu'ils ont de le voir exister parmi eux ? Ne sont-ils pas les canaux d'une vie qui s'entête à se glisser jusqu'en sa forteresse de néant ? En termes plus familiers, tant que de la vie lui vient d'en dehors du bocal, il y a de l'espoir pour le papillon « bloqué de tous côtés ».

Je pense ici au témoignage bouleversant de J.-Y. Leloup, dans *L'Absurde et la Grâce*, lorsque, au cours d'un long pèlerinage en quête de l'Être, il se fait voler son unique et dernière possession : le journal intime de ses pensées et de son cheminement. Effondré sur un trottoir, il voit un garçon de café s'approcher avec un chocolat chaud et deux croissants : une passante a passé commande et s'en est allée, incognito. À travers l'autre de chair et de sang, l'Autre s'est coulé jusque-là où l'auteur, à ce moment-là, « touche le fond » pour remonter.

Mais si rien ne vient ?

Ou plutôt, si nous ne percevons plus rien de ce qui nous vient des autres en vie et, à plus forte raison, rien de ce qui nous vient de l'Autre en plénitude de vie ? Alors, il y a le cri : « Et ils coulent comme l'eau, mes rugissements » (Job 3, 24). Adressé à personne, c'est mon cri de bête blessée à mort, et là sera peut-être ma survie. Adressée aux autres et à l'Autre, c'est la parole retrouvée pour hurler que ce n'est pas une vie, dire mon envie de mourir, mettre Dieu en cause de la plus libre des manières, nommer ma contre-violence et mon désir de détruire sans me (laisser) censurer, même si personne ne m'a assurée que les mots ne tuent pas et les sentiments encore moins. C'est là ce que Job se permet et c'est là une attitude que Dieu approuve et bénit : « Mon serviteur Job a bien parlé de moi », dira-t-il à deux reprises (42, 7s).

Le cri du fond des entrailles fait penser à un réflexe de survie. N'exprime-t-il pas quelque chose de cette *mutilation* ressentie quand le malheur arrive et que tout espoir est perdu ? Lorsque le Christ disait : « Si ta main ou ton pied te fait tomber, ampute-le et jette-le loin de toi ! » (Matthieu 18, 8) ; on peut entendre dans cette mutilation symbolique le consentement à mettre à distance ce qui nous est arrivé, même si une telle mise à distance est aussi douloureuse qu'une amputation. Il s'agit de ne pas nous confondre totalement avec ce qui nous arrive : nous sommes plus et autres que cet être tombé à terre. Nous nous arrachons à cette prostration au moment où nous acceptons de nous amputer de notre identité de désespéré : « Jette-la loin de toi » quand bien même elle te paraît aussi essentielle que ta main ou ton pied !

Ne retrouve-t-on pas quelque chose de cette violence bénéfique dans le cri de Jésus sur la Croix, adressé à « Dieu » et non au Père de toute sollicitude qu'il avait fréquenté toute sa vie ? « Pourquoi m'as-tu abandonné ? » Par ce « grand cri » déchirant, Jésus ne rejette-t-il pas l'abandon qui tue en lui tout espoir en la Vie, comme s'il refusait de garder à l'intérieur de lui-même une horreur qui le coupe du

Vivant ? Seuls Marc et Matthieu mentionnent le cri, et Jésus meurt dans les ténèbres de la terre, lâché par tous. Ce n'est pas le cas chez Luc et Jean, mais je crois que les quatre récits, échos de moments différents dans la durée de la passion, sont en définitive complémentaires. Marc et Matthieu ne font pas l'économie de ce temps où le Christ vécut la perte de tout espoir, comme pour nous dire : cet homme est un des nôtres ; à le fréquenter jusqu'en ces instants indicibles, nous pouvons sentir que Dieu lui-même, en ce semblable hors du commun, a connu de l'intérieur le désespoir sans fond.

Comment la vie va-t-elle nous retenir en vie ?

N'avoir plus d'espoir suppose qu'on en a eu, on sait plus ou moins ce que c'est. Il s'agit alors de se maintenir jusqu'à ce que la vie se remette à circuler et que le Vivant nous aide à sortir du tombeau. Concrètement, comment venir à bout de cette nouvelle journée qui dès le réveil nous paraît insurmontable ? Nous pouvons nous donner des repères dans le temps : fractionner la journée en laps d'heures ou de demi-journées… en convenant d'un contact avec une personne empathique à intervalles réguliers, « tenir » jusqu'à telle heure, puis donner des nouvelles et tenir à nouveau jusqu'à telle heure. Ces repères, établis avec un frère ou une sœur en humanité, nous permettent d'humaniser une durée qui s'était soustraite au temps des humains.

Et qu'en est-il si c'est moins violent, mais que la perte d'espoir s'étend sur des mois ou des années ? Ce qui est en jeu, alors, c'est notre désir d'appartenir réellement au monde des humains : croyons-nous (encore) que seule la parole échangée entre humains fait de nous des humains *vivants ?* Désirons-nous sentir un jour que notre enfermement dans l'absence d'espoir est lié à notre besoin compulsif de faire nous-mêmes toutes les questions et toutes les réponses ? Voulons-nous prendre conscience que si Dieu est l'Autre, c'est qu'il n'est pas notre monologue déifié ? Aspirons-nous à trouver dans le champ des paroles échangées avec des autres-que-nous – dans ce champ et nulle part ailleurs – les perles de grand prix de la Parole de vie ?

Si tel est le cas, si une telle ouverture à l'autre s'amorce grâce à notre authentique prise de parole, nous pouvons commencer à percevoir ce quelque chose et ce quelqu'un, plus « durable » que nous, antérieur à nous, qui nous a gardés en vie jusque-là. Nous contactons en nous une existence donnée *avant* la perte de la certitude d'exister et de l'espoir d'aimer encore exister. Dans la Bible, Job ne cesse de parler à ce quelque chose et ce quelqu'un, même si personne ne semble l'entendre. Du moins il s'entend parler et, ce faisant, il s'entend exister dans l'espoir fou d'être entendu. Se percevant malgré tout comme un être parlant, il maintient sans le savoir son appartenance au monde des humains et c'est peut-être cela qui le sauve de la folie.

Il arrive pourtant que l'on ne puisse plus parler,

appeler, partager. La seule détente peut alors consister à se laisser descendre dans ce qui est vécu comme une mort. Comment accueillir cela, y consentir, faire confiance à ce quelque chose et ce quelqu'un qui est plus grand et plus durable que notre peur de mourir ? Peut-être en découvrant la capacité humaine de se concentrer entièrement sur les petits gestes du quotidien, en détournant ainsi son esprit de la fascination qu'exerce un avenir conçu comme la prolongation perpétuelle du présent invivable. Dans le consentement à une solitude décapante, il s'agit de mettre tout son peu d'énergie à entretenir la vie qui est à portée de la main.

Or il arrive que la détresse d'autrui soit à portée de nos gestes quotidiens. Dans *Le Rêve d'un homme ridicule*, Dostoïevski raconte comment un homme décidé à en finir est dérangé au dernier moment par une fillette affamée venue lui demander de l'aide. L'homme ne se suicidera pas. Sur le Golgotha, alors qu'il n'y a plus d'espoir ni pour Jésus ni pour les deux malfaiteurs, alors que Jésus vient de crier son abandon et peut-être parce qu'il l'a crié, le mettant ainsi à distance, il entend la détresse d'un semblable, « l'autre » malfaiteur de Luc. Et c'est comme si le désespoir de l'autre le réenracinait dans le courant de la vie.

Il arrive que l'espoir ne vienne pas de ceux qui en ont à revendre. Dans nos situations les plus inextricables, ce sont parfois ceux qui n'en ont plus qui nous en redonnent C'est par leur manque qu'ils nous remplissent. Car ils (re)suscitent en nous le pouvoir de partager ce peu de vie qui est encore en nous et qui se révèle beaucoup plus grand que nous ne savions. Ces autres ressuscitent en nous le pouvoir dont le Vivant nous a investis. Pour Levinas, c'est le dénuement d'autrui que je lis sur son visage et perçois dans son corps qui me sollicite et réveille ma « responsabilité », au sens étymologique de « capacité de répondre ».

C'est lui qui me remet en contact avec la vie en me faisant exister pour quelque chose et quelqu'un. Tout me paraît donc se jouer dans notre perception de la détresse, de la soif de relation d'autrui, donc dans notre perception de son existence. Non que sa situation soit pire que la nôtre : on ne peut en aucun cas évaluer le degré de souffrance et de désespoir de quelqu'un. Mais si nous avons le privilège d'en être touchés, une brèche se fait dans ce désespoir sans issue qui était notre forteresse de néant.

DENIS TILLINAC : Vous avez décrit les quatre paliers du désespoir qui impliquent, en creux, l'espoir. Comment définiriez-vous l'espoir ?

LYTTA BASSET : C'est cette dynamique qui me pousse à vivre, à m'investir dans la vie. C'est dire : « La vie vaut la peine. » Ce qui me touche le plus, c'est de voir quelqu'un dire : « Je n'ai plus envie de vivre. » L'envie de vivre, c'est la seule chose que nous ne pouvons pas donner à l'autre, même à notre propre enfant.

Alain Houziaux : Cette envie de vivre, si elle est liée au biologique, tout le monde l'a-t-il ?

L. B. : Oui, je crois. Mais ce n'est pas uniquement biologique.

D. T. : Il me semble qu'il y a aussi un aspect d'anticipation. On est dans le présent et on convoite quelque chose dans l'avenir. Il y a là un trait typiquement judéo-chrétien, où l'histoire a un sens et converge vers un devenir, avec une parousie, une fin des temps et une espérance de vie éternelle. Dans les sociétés qui ont une conception cyclique du temps – les hindouistes, les bouddhistes, les animistes... – cela ne semble pas être le cas.

Georges Moustaki : Je suis juif oriental, de parents grecs, et je ne pense pas qu'il y ait une définition exacte de l'espoir d'un point de vue judéo-chrétien. J'ai grandi dans un pays où il y avait de très belles relations entre les différentes communautés religieuses, pour qui l'espoir vient en second après la vie. La vie, c'est tout de suite. Au Caire, à cause de la crise du logement, les Égyptiens habitent la cité des morts, et très joyeusement. Ils ont là une relation très fraternelle avec la mort. L'espoir, qui est un peu l'antidote à notre crainte de mourir, n'est pas pour eux très utile.

L. B. : La mort est alors acceptée, intégrée pleinement à la vision de la vie. Cette vision de la vie, c'est là la notion de Shalom chez les juifs : une plénitude pour le présent, sur cette terre.

G. M. : Les juifs donnent la priorité au présent ; la mort, c'est pour bien plus tard. L'espoir est une utopie qui réduit la vie, en fait. Vous mettez sur le même plan le désespoir et l'absence d'espoir. Pour moi, ce n'est pas la même chose. L'absence d'espoir peut être passagère alors que le désespoir est une sorte de perdition, dans une tragédie profonde.

L. B. : C'est une question de degré. Dans l'absence d'espoir, il y a cette résignation qui finit par étouffer et, en descendant plus profond, on tombe dans le désespoir.

G. M. : J'ai écrit l'histoire d'un de mes amis qui, au moment où je vivais une vie insouciante et heureuse à Alexandrie malgré la guerre et les bombes qui tombaient sur la ville, vivait, lui, dans les camps de concentration (Auschwitz puis Mauthausen). Cet ami a vécu ces sept années avec la même insouciance, dans un décor sordide et dans des conditions de vie terribles, sans espoir d'en sortir, mais avec la rage de vivre, un jour après l'autre, sans espérer quoi que ce soit.

Il était furieux contre son père qui lui disait : « Ne t'inquiète pas, on s'en sortira parce qu'on est le peuple élu. » S'il avait attendu l'espoir, il aurait baissé les bras, et aurait servi de combustible pour les fumées des chambres à gaz...

La grâce de l'absence d'espoir

par Georges Moustaki

« Vivre » est un verbe actif qui implique le mouvement, la création, l'énergie, la dynamique. « Espoir » est au contraire synonyme d'attente, sans dynamique, riche peut-être, mais passif, parfois inerte. Dans les camps de concentration, plus les gens avaient espoir en une protection divine, plus ils se laissaient emmener sans réagir à la mort. Je ne vois pas non plus de relation de dépendance ou de cause à effet entre vivre et espérer, même si l'expression populaire affirme que « l'espoir fait vivre ».

Certes, il y a cependant un lien mystérieux entre ces deux mots ; ni complémentaires ni antagonistes, ils coexistent. Quand il n'y a plus d'espoir – soit que les gens affrontent des conditions difficiles, soit qu'ils se trouvent en fin de vie –, ils acquièrent tout à coup une ferveur ardente. Tout s'éclaire, tout s'apaise et se met à sa place. L'absence d'espoir n'est pas là une calamité, mais un enrichissement. J'ai vu des gens se transformer, embellir, parce que, justement, ils n'avaient plus d'espoir, comme si l'absence d'espoir les humanisait.

Espère seulement, répond la foi chrétienne
Le ciel veille sans cesse et tu ne peux mourir
Croyez-moi la prière est un cri d'espérance,

a écrit Musset ; cela m'apparaît être une consolation ! Même si l'absence d'espoir peut nous plonger dans l'angoisse et le désarroi, elle peut nous faire prendre conscience de l'urgence de l'instant et de la dérision du futur.

Mes chansons expriment la prééminence du bel aujourd'hui : « Chaque instant est toute une vie, sans projet et sans habitude [1] » ; « Nous avons toute la vie pour nous amuser, nous avons toute la mort pour nous reposer ! » Ces messages très immédiats se veulent convaincants.

Une jeune femme m'a un jour demandé d'écrire sur « je déclare l'état de bonheur permanent ». J'ai mis longtemps à comprendre ce qu'elle voulait dire, puis j'ai compris : elle ne voulait pas l'espoir, mais elle voulait que l'état de bonheur soit total et immédiat.

Dans cette même perspective, je pense aussi à la ballade d'Aragon :

Si c'était à refaire, je referais ce chemin,
sous vos coups chargés de fer, que chantent les lendemains !

1. Voir la chanson *Le Temps de vivre.*

Les lendemains qui chantent sont dans ce cas une incertitude, un espoir, un souhait pour lequel on donne sa vie. Je souhaite que la vie se fasse sans besoin de sacrifice.

Je veux citer Cavafy qui, dans un très beau poème, *Ithaque*, montre que c'est la destination du voyage qui lui permet de vivre la richesse de son parcours.

Dans le message évangélique aussi on voit que la Bonne Nouvelle est arrivée ! On ne l'attend pas, ce n'est pas une promesse à venir, mais quelque chose a déjà changé, quelque chose est déjà accompli.

Ainsi, l'espoir ne doit pas nous consoler de tout. Cioran disait aussi que le suicide comme alternative possible lui donnait la force de vivre.

Je terminerai en citant un jeune homme de vingt ans qui concluait sa thèse par ces mots : « La maladie, c'est-à-dire l'absence d'espoir, développe un goût de vivre libre et profond. »

LYTTA BASSET : Si l'absence d'espoir peut humaniser, que faire pour que cela arrive ?

GEORGES MOUSTAKI : C'est un constat que j'ai fait souvent. Quand on touche l'absolu de notre vie, et qu'il n'y a plus d'espoir pour nous faire croire que les choses vont bouger, on s'investit totalement dans son état et on lui donne une dimension qu'on n'avait jamais pris la peine de lui donner. Même si on est dans un état de souffrance extrême, on peut le dominer parce qu'on en voit la richesse.

L. B. : Même proche de la mort, on peut arriver à trouver la paix dans le temps qui nous reste à vivre jusque-là.

G. M. : Nous savons que nous allons mourir, mais nous vivons comme si la mort n'était pas prévue au programme ! Mais, au contraire, en fin de vie, l'imminence de la mort apparaît, et les personnes savent qu'il est urgent de reconsidérer cette vision, et de vivre les choses comme si on allait mourir, dans l'immédiateté.

Denis Tillinac : Je ne crois pas à l'instantanéisme, même si c'est très à la mode. Un homme, c'est, à un moment donné, la somme de son passé individuel et familial, de sa mémoire collective, de sa culture. L'instant présent ne fait que récapituler tout cela. Il est évanescent et je m'en méfie un peu. C'est parfois une façon illusoire de désirer l'éternité.

G. M. : Je viens d'une culture à qui l'histoire a montré que le futur est aléatoire. Les conquérants sont passés. Ce qui compte, c'est ce que l'on continue à vivre tous les jours. Je l'ai pratiqué sans intellectualisme.

Je crois à un nouveau réenchantement du monde

par Denis Tillinac

Si l'espoir n'est que la volonté brute de vivre, personne n'est sans espoir, sinon le condamné à mort, dos au mur. Lui n'a plus d'espoir, mais il lui reste autre chose : l'espérance. J'opposerai alors volontiers l'espérance aux espoirs.

Comment vivre dans un monde sans espoir ? La question semble paradoxale, car dans le monde contemporain le spectre de l'espoir semble s'ouvrir malgré tout, partout, en dépit des drames, des crimes et des guerres. La technique, la science appliquée donnent à chacun les espoirs d'une vie meilleure, d'une longévité plus grande, avec des perspectives démocratiques qui permettent un épanouissement des individus. On voit naître la conscience de l'identité du destin de tous les hommes dans un village mondial, dont tout le monde sent bien qu'il est solidaire et qu'il y a interdépendance. Cela donne l'impression qu'il y a un recul des crédulités qui permettra plus d'autonomisation de l'individu.

Il y a donc de plus en plus d'espoirs pour de plus

en plus de personnes. Ce qui s'est enfui du monde moderne, c'est plutôt l'espérance, qui est transcendance.

Dans ce monde, partout, on a le sentiment que les cultures, les traditions, les rites, les mythes fondateurs, les vérités révélées et les croyances collectives disparaissent, que les tabous sautent pour livrer le monde à ce que Marcel Gauchet a décrit comme un *désenchantement.* Nous sommes dans un monde profane, et le religieux qui subsiste est sursitaire ! Le sacré, l'invisible, le spirituel sont marginalisés, relégués de plus en plus dans la sphère privée. De même que les cultures, ils sont menacés d'être folklorisés. À la fin de la protohistoire, au moment où l'homme a commencé à diversifier son langage et aussi sa façon de prier ses dieux, de se vêtir, de produire, de bâtir, alors s'est ouvert le cycle des diversités qui a donné une damasserie variée de civilisations, avec une pluralité chatoyante de cultures. Cette période se referme dans un état général proche d'un mélange d'apathie sceptique et d'hystérie consumériste.

Nous constatons donc la fin effective ou potentielle des diversités culturelles totalisantes et rassurantes. Ce cycle historique s'achève dans un immense désarroi. De plus en plus, des ego emmurés dans leur solitude ballottent comme des papillons dans le cosmos, en proie à la conscience de leur précarité, de leur inanité, voire de leur inutilité. Ils pataugent dans un mélange d'hédonisme, de panthéisme, de stoïcisme, de spiritualités à la mode qui parlent d'un monde infini, incréé, où tout change.

Leur seul but est alors d'être le moins mal possible dans leur peau. Être « bien dans sa peau » semble être devenu le critère du bien-vivre...

Nous, les Occidentaux modernes, sommes dans la posthistoire dont nous sommes les voyeurs télévisuels. Ailleurs, dans le reste du monde, l'histoire continue de raconter les histoires de Tite-Live, de Michelet ou de Braudel ! Ben Laden est venu récemment nous signifier que certaines croyances et certaines cultures ne se laisseraient pas assassiner sans réagir violemment. J'interprète en effet son « nihilisme » comme une tension qui devient insupportable entre la part humaine postmoderne, sceptique, vouée à la technique, et la part historique qui fait de lui un croyant comme l'étaient nos ancêtres au Moyen Âge. Certes, tôt ou tard, ce qu'il croit défendre par de mauvais moyens sera détruit. L'humanité tout entière sera livrée au scepticisme, et l'homme sera condamné à vivre dans l'immanence. Mais l'immanence n'aura qu'un temps, parce que l'homme se lassera des espoirs fallacieux que le système économique génère.

Les découvertes de la vie cellulaire ou du cosmos sont désenchantées. Nous savons que tout cela obéit à des lois. Nous ne pourrons plus jamais projeter notre espérance, notre imaginaire, nos rêves et notre aspiration dans l'au-delà de la lune de la sonate *Au clair de lune* de Beethoven. Il faudra bien se projeter ailleurs. Hors l'espace-temps, seul Dieu peut nous dire quelque chose, intervenir.

Je crois donc qu'à moyen terme, au prix de métamorphoses considérables, les monothéismes ont plus d'avenir que les panthéismes ou les immanentismes qui vont avec la société de consommation, car l'homme ne peut pas vivre très longtemps sans espérance.

Débat

Lytta Basset : L'espoir me semble proche de la façon humaine de vivre les choses : est-ce que j'ai ou pas de quoi survivre jusqu'à demain ? De manière étonnante, l'espérance et la perte d'espoir peuvent coexister : on peut être dans une situation où il n'y a pas d'espoir sur « comment je vais vivre demain », et en même temps vivre une sorte de certitude, de l'ordre de l'espérance, sur « un jour, je m'en sortirai ». C'est très diffus, et très minime... C'est ce qui fait que les gens se battent pour continuer à vivre.

Denis Tillinac : L'espoir est individuel : ce sont mes aspirations, mes désirs. L'espérance engage mon prochain et, au-delà, l'humanité.

Si l'espérance est consentement, une forme d'acquiescement à ce qui advient, en quoi est-elle fondamentalement différente de la résignation ?

L. B. : Consentir à ce qui advient n'est pas se résigner. Bernard de Clairvaux dit que « consentir, c'est être sauvé ». C'est accepter lucidement ma situation telle qu'elle est. Quand je consens, je suis solidaire de moi-même ; je « sens avec moi » et je ne lutte pas contre ce qui m'habite. Dans la mesure où j'accueille ce que je vis, cela m'ouvre à autre chose. C'est le secret des gens en fin de vie.

D. T. : Le consentement à ce qui advient me semble engager ma liberté, alors que la résignation est une acceptation plus passive d'un monde face auquel ma dignité d'homme serait de se révolter.

Quelle est la place de la révolte dans l'épicurisme de Georges Moustaki ?

GEORGES MOUSTAKI : Une place vitale. Par rapport à une situation inerte, passive, c'est un élément moteur et non destructeur. C'est une pulsion joyeuse et nécessaire. Elle peut porter une certaine violence, mais celle-ci n'est jamais meurtrière. Toute révolution est la recherche d'un plaisir absolu.

L. B. : Il y a dans la révolte un sursaut de vie. C'est parce que la situation est intenable, et parce que je la considère comme une sous-vie – on dit aussi survie –, que la colère et la révolte vont me permettre de mettre à distance ce qui réduit et amoindrit ma vie. Le souci de vivre le présent dans sa qualité ne doit pas être dévalorisé. Quand Jésus parle d'observer les lis des champs, il ne dit pas autre chose : le présent m'appartient.

La révolte est-elle alors une manière de se sortir de la douleur de vivre ? Est-ce une thérapie ou l'expression d'une blessure inguérissable, dans un déchirement ultime ?

L. B. : On est déjà en bien meilleure forme quand on arrive à se révolter. Ce qui est le plus difficile, c'est d'être face à des gens qui sont réduits à l'état de flaque, liquéfiés par ce qui leur est arrivé. Alors je me réjouis quand quelqu'un entre dans la contestation : là, il y a une sorte de sursaut. Job, par exemple, reste sept jours sans pouvoir parler. À partir du moment où il se révolte, avec des paroles de plus en plus violentes, il semble qu'une énergie de vie revienne, et il sort de l'absence totale d'espoir.

ALAIN HOUZIAUX : Ce qui est gênant avec Job, c'est qu'il se révolte contre Dieu. Cela nous arrangerait beaucoup plus si on pouvait dire que la révolte est la résurgence de la force de Dieu en lui ; la révolte de Job serait alors celle de Dieu lui-même contre la mort et le mal.

L. B. : Il se révolte contre l'image de Dieu qu'il a et contre celle que lui présentent ses amis : un Dieu culpabilisant qui cherche à punir la faute. Il lui faudra tout ce chemin pour comprendre que Dieu est autre, et qu'Il est de son côté.

Le plus cruel, c'est l'absence d'espoir pour quelqu'un d'autre. Comment vivre avec l'autre quand on n'a plus d'espoir pour lui ?

D. T. : On est alors au cœur du tragique. On n'a plus d'autre recours que de l'aimer pour lui-même, malgré tout, même si le lien semble sans issue.

A. H. : Je pense à la parole de saint Paul : « Ces trois choses demeurent : la foi, l'espérance et l'amour. La plus grande des trois, c'est l'amour. » Peut-on traduire cela par : « Quand on ne peut plus espérer en l'autre, on peut encore l'aimer » ?

L. B. : L'amour englobe les deux autres. Si j'aime quelqu'un, je l'aime dans la confiance que j'ai en lui et dans l'espérance que j'ai pour lui. C'est ce qui m'est arrivé. Je me souviens très bien d'avoir dit : « Jusqu'à son dernier souffle, et jusqu'à mon dernier souffle, je croirai qu'il[1] peut prendre pied dans la vie. » C'est en même temps de la confiance, de la foi en lui et en Dieu, de l'espérance et de l'amour.

Peut-on aimer quelqu'un si on ne croit pas en lui, en sa force ?

G. M. : Si on l'aime, on croit en lui, même si les apparences sont pessimistes.

1. Il s'agit d'un être qui m'est extrêmement proche.

A. H. : La Bible dit que « s'aimer, c'est être une seule chair », et je traduis une seule chair par « une seule faiblesse ». Alors j'arrive à la conclusion inverse : aimer quelqu'un, c'est l'aimer parce qu'on désespère de lui, et peut-être aussi de soi. On désespère ensemble et c'est cette complicité dans le fait d'être perdus ensemble dans la nuit qui fait qu'on se donne la main et qu'on s'aime.

N'y a-t-il pas quelque chose d'agréable, de rassurant et même de confortable dans l'absence d'espoir ?

G. M. : Il ne faut pas en arriver là. Même si ce n'est pas le cas, il faut se comporter comme si on n'avait rien à perdre, pour ne pas être limité par ce qu'on possède. Pour parvenir à se désaliéner, il faut ne plus avoir rien à perdre, mais c'est dommage d'en arriver là.

D. T. : Il y a une volupté de la mélancolie, au sens freudien strict, c'est-à-dire le moment du travail de deuil où la libido n'a pas pu s'investir sur un autre objet. La volupté de se laisser aller dans la pente du « je me fous de tout ». Il y a un très grand érotisme du nihilisme, un appel, l'instinct de la catastrophe qui est en nous et qu'il faut savoir surmonter, sublimer. Il est presque aussi profond que l'espérance en Dieu, et cela doit avoir un rapport.

L. B. : La volupté dans le désespoir me dérange, car tant qu'il y a « volupté » je pense qu'on n'est pas allé très profond. On se protège pour ne pas s'enfoncer. Quand on va vraiment profond, c'est la souffrance qu'on rencontre. À ce moment-là, dans le « plus rien à perdre », qui n'est pas agréable, il y a quelque chose de libérateur. On ne peut pas aller plus bas et on va remonter. Mais on ne peut pas faire l'économie d'aller dans cette profondeur de souffrance avant.

Georges Moustaki, donnez-vous un sens à l'article du Credo : « Jésus est descendu aux enfers » ?

G. M. : Sa vie a été une négociation permanente entre la vie et l'enfer. Jésus a souffert de l'enfer avant d'atteindre le paradis. Quand il a accompli son œuvre, qui était sa vie, il est passé par tout, y compris par l'enfer.

Georges Moustaki a écrit : « Je ne suis jamais seul avec ma solitude. » Qu'est-ce que cela évoque pour vous ?

L. B. : Pour ma part, je l'entends comme quelque chose de beaucoup plus doux et de plus apaisé que le stade où la solitude est isolement, où je suis coupée des autres et de la relation avec l'autre, ce qui est beaucoup plus meurtrier. Dans ce stade-là, qui doit être nécessaire dans un parcours de vie, car je suis alors confrontée à qui je suis, j'ai à faire l'expérience de me trouver moi-même et/ou d'être trouvée moi-même. Après seulement ie peux aimer la solitude, qui devient une compagne.

G. M. : Cette chanson est née de mes relations avec Barbara. Elle était slave et je suis oriental, cela explique peut-être notre attirance réciproque. J'ai entendu un jour sa chanson « La solitude », qui était dramatique. Cela m'a fait mal pour elle. J'ai voulu répondre par ma chanson, pour l'adoucir.

D. T. : Je me sens très vite seul avec ma solitude, surtout si elle m'installe dans un état d'admiration, d'émerveillement, car j'ai alors envie de le partager. Comme Malraux, je pense que tout ce qui n'est pas communicable est insignifiant. Je n'aime pas la solitude, elle m'enferme et me fait peur.

A. H. : J'ai été pendant de nombreuses années écoutant à SOS-Amitié, organisme qui écoute les personnes tentées par le suicide. On y a constaté qu'il y a relativement peu de suicides par désespoir, mais beaucoup plus par solitude.

L. B. : Cela confirme ce que je constate aussi. Le pire n'est pas dans les circonstances, même si elles me privent de toute issue. Le pire, c'est de ne pas pouvoir le partager, avec personne. La relation à l'autre est déterminante et s'il n'y a pas ce minimum vital de mise en mots, je ne vois pas d'issue. Je ne sais pas ce qu'aurait été l'issue dans ma vie si je n'avais pas eu la possibilité d'échange avec l'autre.

G. M. : Il y a des suicides qui ont un sens précis, qui sont des actes volontaires et avec lesquels on est en accord sereinement.

A. H. : Il y a plusieurs cas de suicides dans la Bible, qui chacun présente une expérience différente. Celui de Saül est l'expression du « foutu pour foutu », je préfère que cela soit moi qui me donne la mort. La guerre s'est retournée contre lui, elle est sans issue pour lui. Le suicide est la manière de se donner à lui-même une mort à laquelle il ne peut pas échapper, comme un acte de dernière liberté. Il y a aussi celui de ce serviteur du roi Salomon qui a été écarté par son roi au profit d'un autre. Et il y a aussi celui de Judas. C'est certainement le suicide le plus complexe et le plus intéressant. Beaucoup d'hypothèses circulent pour expliquer la trahison de Judas. Une d'entre elles dit qu'il pensait qu'à l'instant où Jésus mourrait les portes du paradis s'ouvriraient pour laisser la place au Royaume de Dieu. On peut imaginer que Judas ait livré Jésus pour que vienne le Royaume. Or Jésus est mort, et voyant trois jours après que le Royaume n'était pas venu, Judas se serait suicidé face à un espoir qui se révélait faux, parce qu'il s'était trompé. Alors, le fait de ne pas avoir d'espoir n'est-il pas préférable au fait d'avoir des espoirs déçus ?

D. T. : S'il y a plus de noblesse et peut-être d'issue à aller au fond du désespoir qu'à en rester à la surface, alors il vaut mieux renoncer à tout espoir, dans l'espoir que quelqu'un de salvateur viendra redistribuer les cartes de la vie. Les espoirs déçus, c'est triste et moche.

« Il n'y a pas de situation désespérée, il n'y a que des personnes qui désespèrent », a-t-on dit. L'absence d'espoir est-elle d'abord due à notre manière de voir les choses ?

L. B. : On ne peut pas comparer les souffrances, pas plus que je ne peux comparer les degrés d'absence d'espoir entre eux. Objectivement, on peut voir des gens vivre des situations bouchées de tous les côtés et qui pourtant trouvent quelque chose. D'autres sont dans des situations qui ne nous semblent pas désespérées et pourtant ils les vivent comme telles. Ce qui importe, c'est ce que vivent les gens, souvent en retentissement à leur histoire personnelle. J'ai à entendre simplement l'intensité de ce qu'ils vivent.

Que veut dire « vivre par la grâce de Dieu » ?

D. T. : C'est vivre en étant soutenu par l'espérance que notre existence est dotée de sens par quelqu'un qui n'est pas de ce monde mais qui néanmoins l'anime.

Peut-on apprendre à accepter les autres ?

Accepter les autres, une méthode pour mieux vivre

par Alain Houziaux

Pour accepter les autres, il ne faut pas forcément les accepter comme ils sont, comme ils se montrent à nous avec leurs qualités et leurs défauts. Accepter les autres, c'est accepter qu'ils aient un mystère qu'on ne connaît pas et un avenir qui pourra les transformer. Les accepter, c'est donc un acte de foi et un acte d'espérance. Et c'est en ce sens que c'est un acte d'amour, parce que l'amour, tout comme l'acceptation de l'autre, c'est d'abord un acte de foi et une forme d'espérance.

Accepter l'autre, c'est donc d'abord un *acte de foi*. On croit souvent que la foi, c'est ce qui rend visible et évident ce qui est invisible et insaisissable (Dieu par exemple). Je suis tenté de dire exactement le contraire. La foi, c'est un regard sur le monde qui rend mystérieux ce qui paraît évident et compréhensible. Et l'acceptation de l'autre, parce que c'est une forme de foi, c'est un regard qui rend inconnaissable et mystérieux celui que nous pensons bien connaître. Oui, pour accepter l'autre, il nous faut découvrir qu'il est insaisissable. Il devient inconnu, il devient énigme. Et c'est pourquoi nous pouvons l'accepter.

Accepter l'autre nous interdit non seulement de le juger mais aussi de le connaître parce qu'il est et doit rester un mystère. Aimer quelqu'un, c'est être attiré et aimanté par son mystère. Accepter quelqu'un, c'est respecter son mystère.

Le commandement : « Tu aimeras ton prochain comme toi-même », lorsqu'il apparaît pour la première fois, dans le livre du Lévitique (18), vient peu après une série de commandements interdisant de découvrir la nudité du prochain. Le texte dit d'abord : « Tu ne découvriras pas la nudité de ton père, ni celle de ta mère, ni celle de ton frère, de ta sœur. » Puis un peu plus loin, il ajoute : « Tu aimeras ton prochain comme toi-même. » Pour l'amour, l'autre est un tabou et même un interdit dont il ne faut pas découvrir la nudité, le secret, le mystère.

Accepter son prochain, c'est lui dire : « Mon frère, ton sourire ou tes rides, tes qualités ou tes défauts ne sont pour moi que le miroir obscur de ta véritable identité. Tu es à l'image de ce Dieu dont je ne peux me faire aucune image. Oui, vois-tu, tu troubles tout ce que je peux connaître de toi. Devant toi, je suis myope. Avec mes bras tendus vers toi, je n'embrasse que le vide, même lorsque je crois te tenir. Et lorsque j'approche mes lèvres de tes paupières, je ne suis qu'un aveugle qui boit la lumière d'un mystère. »

Donc accepter l'autre, c'est un acte de foi dans son mystère, mais c'est aussi *une forme d'espérance.* Accepter son prochain, c'est espérer à l'encontre de ce qui est visible, à l'encontre des évidences, *a contrario* de tout ce que nous pouvons voir et savoir sur lui.

Accepter son prochain, son frère, son fils, son époux, c'est espérer à sa place lorsqu'il tombe en déchéance. C'est lui dire : « Je te le promets, tu ne t'écrouleras pas, tu ressusciteras. »

Accepter l'autre, c'est donc un acte de foi, d'espérance et d'amour. Mais pourquoi saint Paul dit-il que l'amour est plus grand que la foi et que l'espérance ? Parce que, me semble-t-il, l'exigence de l'amour et de l'acceptation de l'autre est prioritaire par rapport aux exigences de la justice et de la morale, et même par rapport à celles que pourraient nous dicter notre foi et notre espérance en Dieu.

Camus disait : « S'il me faut choisir entre ma mère et la justice, je choisirai ma mère. » De même j'ose dire : s'il faut choisir entre la foi et l'amour, entre l'espérance et l'amour, je dois choisir l'amour.

L'acceptation de l'autre conduit parfois à une forme de sacrifice qui peut être même celui des devoirs de la foi et de l'espérance. Cela, c'est Jésus lui-même qui nous l'a montré par la parabole du bon Samaritain. Ce Samaritain s'approche d'un blessé qui était vraisemblablement juif. Or la religion des Samaritains leur interdisait de s'approcher des juifs parce que, pour eux, ils étaient impurs. On est toujours l'impur de quelqu'un ! Pour les Samaritains, il fallait s'écarter des juifs pour ne pas se souiller. Et pourtant le Samaritain s'est approché du juif pour lui porter secours. Au mépris des prescriptions de sa foi.

Accepter les autres, c'est accepter de prendre le risque de se perdre et de se souiller, pour s'approcher d'eux.

J'ajoute que l'exigence de la solidarité avec les autres peut être aussi un devoir plus grand que celui de l'espérance (je parle ici de notre espérance du Royaume, pour nous-mêmes). Simone Weil nous rapporte que certains prêtres espagnols, au moment de la guerre d'Espagne, se privaient de la communion eucharistique afin de se solidariser avec les républicains et les anarchistes qui, ayant été excommuniés, en étaient privés. Ainsi ces prêtres, selon leur manière de voir, se privaient du Paradis et renonçaient à leur espérance du Royaume. Ils refusaient le pain du salut et du pardon car ils considéraient que l'amour et la solidarité étaient des exigences absolues même par rapport à l'espérance de leur salut personnel.

Accepter les autres, c'est refuser qu'ils soient excommuniés et même se solidariser avec leur excommunication.

Je disais en commençant qu'accepter les autres, ce n'est pas forcément les accepter comme ils sont. Mais, nous venons de le dire, c'est aussi les aimer comme ils sont et se solidariser avec eux, au risque de devenir soi-même inacceptable.

Accepter les autres, une méthode pour mieux vivre

En n'aimant pas les autres comme ils sont, nous nous faisons souffrir nous-mêmes. Nous dépensons beaucoup d'énergie dans des querelles médiocres et souvent infantiles. Nous perdons beaucoup de temps à nous battre. Et pourtant nous savons bien que, même si nous gagnons, la victoire ne nous donnera pas la moindre parcelle de bonheur en plus, ni pour nous ni pour personne.

Cela me rappelle une histoire vraie. Celle d'un paysan des Cévennes, austère, droit et rigide, protestant en diable. Comme cela se passe souvent dans ces pays rudes, il s'était disputé avec quatre de ses cinq enfants, et ce pour quelques malheureux arpents de broussaille. Lorsqu'il comprit qu'il allait mourir sous peu, il m'a fait appeler pour que je puisse, avant sa mort, réunir tous ses enfants à son chevet pour une ultime réconciliation. J'ai réussi à en retrouver quatre et à les réunir auprès du lit du mourant. Mais, lorsque j'ai retrouvé le cinquième, le père était déjà mort C'était trop tard. Le père n'a pas pu se réconcilier avec son fils, ni pour la vie ni même pour l'éternité (cf. la parabole du riche et du pauvre, Luc 16, 19-31).

Accepter les autres, c'est d'abord m'accepter moi-même !

par Hubert Auque

Accepter les autres, c'est reconnaître qu'ils sont différents de moi. Il est en effet impossible d'entrer en relation avec autrui si l'altérité n'est pas reconnue.

La première différence, fondamentale, c'est la différence des sexes. C'est elle que je suis amené à considérer avant tout. L'autre, radicalement autre, est la femme pour l'homme, et l'homme pour la femme. Cet(te) autre différent(e) me ré-interroge en permanence sur ma manière d'habiter mon sexe. Si je refuse cela, je me ferme à la relation.

Avant de savoir comment j'accepte l'autre, il faut que je sache comment je m'accepte, et comment je relationne avec mon image.

Des désirs antérieurs, mes parents, je suis l'aboutissement. La réalité de mon être a obligé mes parents à y confronter l'imaginaire dont ils m'ont couvert. Peu à peu, ce sont d'autres imaginaires que j'ai rencontrés et, enfin, c'est l'image que j'ai de moi qui, elle aussi, aura son poids. Je suis donc, ma vie durant, amené à apprendre à accepter l'image que l'on se fait de moi, ainsi que celle que j'accepte ou refuse. Ne suis-je pas souvent décalé par rapport à mes projets, mes souhaits, mes exigences, incapable de les réaliser ? Ce qu'on appelle les blessures narcissiques expriment bien ce hiatus.

Les religions qui parlent de « frères » (et pas assez d'ailleurs de frères et sœurs) cherchent moins, je l'espère, à niveler les différences qu'à les amoindrir, voulant sans doute barrer l'accès à l'extrême : « Je te hais parce que tu es autre, je te tue ! »

Nous jouons en permanence avec des facettes que nous utilisons selon notre interlocuteur. En cherchant à nous faire accepter et aimer de l'autre, nous donnons une image que nous pensons être reçue positivement. C'est le cas du mensonge du dragueur.

L'Évangile propose une démarche de conversion, de retour sur soi. C'est ce qui est dit dans la parabole de l'enfant prodigue. Il privilégie une recherche authentique. On sait bien que cette recherche est un projet qui, bien que louable, est difficilement réalisable, mais ne pas le tenter revient à s'identifier à son par(pas)être. La psychanalyse, distante d'une visée psychothérapeutique, propose la même démarche.

Repérer ses limites, les accepter, est la phase première avant d'apprendre à accepter les autres.

Qui est l'autre ?

Un frère, une sœur, dit l'Évangile. Le plus souvent, c'est un frère ou une sœur *ennemi(e)*. Le projet de l'Évangile est de vivifier la part aimante qui nous constitue. Soit, mais attention à ne pas nier la haine qui voisine avec tout amour. Ce n'est qu'en connaissant la violence qui nous constitue que l'amour pourra se développer. « Aime ton prochain » n'est pas une imposition mais une stimulation ; n'oublions pas le « comme toi-même » qui suit, et qui rappelle le « connais-toi toi-même ».

Si je sais qui est l'autre pour moi, quel est mon besoin de lui, et surtout combien mon désir le désire, je peux l'accepter différent de moi.

Pour illustrer la question « Peut-on apprendre à aimer les autres ? », je citerai la fable du Mandarin qui va visiter l'au-delà. Aux enfers, il rencontre d'anciens collègues, très maigres, tristes, assis devant un bol de riz fumant. Ils ont de trop longues baguettes et ne peuvent pas se servir. Il va au paradis, où il rencontre d'anciens collègues, assis à l'identique devant des bols de riz fumant, avec de très longues baguettes. Mais eux sont très gras et très satisfaits. Chacun utilise ses longues baguettes pour nourrir celui qui est assis face à lui !

L'autre peut donc aider à la satisfaction de nos besoins. Mais c'est surtout parce qu'il est être désirant que notre désir s'anime et perdure. Le plus souvent, l'autre ne nous comble pas et le manque subsiste ; c'est tant mieux, car rien n'est pire que le manque du manque. Si l'autre est désir, il est désir lié à notre manque. Ainsi donc, moins pour nous combler que pour creuser notre manque, nous acceptons les autres parce qu'ils nous permettent d'être sujet désirant.

MAREK HALTER : Accepter l'autre n'est pas si difficile. Le problème commence pour vous quand il faut accepter l'autre différent. Tous les autres ne sont pas différents, ou alors il y a des différences dans la différence.

HUBERT AUQUE : Accepter ceux qui font partie de mon microcosme n'est pas vraiment stimulant. Ceux avec qui on travaille bien sont souvent ceux qu'on ne choisirait pas comme amis.

M. H. : Vous avez parlé de l'amour. Dans les dix commandements, le mot « amour » n'est pas indiqué, mais celui de « respect », oui : « Tu respecteras ton père et ta mère. » C'est par là que commence l'acceptation de l'autre. Un seul a su aimer son ennemi dans l'histoire de l'humanité et il est mort crucifié. Freud questionne : Pourquoi aimer quelqu'un qui ne pense qu'à me tuer ? Alors qu'on peut respecter quelqu'un qu'on n'aime pas, on ne peut pas aimer quelqu'un qu'on ne respecte pas ! Pour moi, il n'y a pas de valeur plus grande que la Loi, car la Loi est égalitaire ; elle nous amène à respecter les petits comme les grands. Il y a obligation. À partir de là, tout est possible. Au contraire, si on force à aimer quelqu'un qui n'a rien d'aimable, on crée la tension, la violence qu'on voudrait éviter.

H. A. : En effet, il n'y a jamais une imposition d'amour. « Tu honoreras ton père et ta mère », cela veut dire : « Tu prendras soin des vieux jours. » L'impératif est sur « Tu ne tueras pas ». Un tel impératif signifie qu'il y a une tendance forte qu'il faut arrêter.

L'entre-deux, un espace de rencontre qui rend l'autre acceptable

par Daniel Sibony

Il faut peut-être donner de l'acuité à certains propos un peu évidents. Par exemple : « On accepte plus volontiers les siens que quelqu'un de différent. » Peut-être faut-il affiner. Vous n'avez qu'à penser à un couple : la difficulté à accepter l'autre alors qu'on l'aime ; à une famille, une petite fratrie, deux ou trois à peine, la difficulté à accepter ce qui spécifie chacun, comme la couleur des yeux, et qu'on pourrait très bien traiter comme un trait physique disgracieux ou charmant ; et la difficulté crée des rages, des maladies, vous le savez... Donc je dis questionnable l'idée qu'on accepte plus volontiers les siens, ceux qui nous ressemblent, que les autres. D'ailleurs, certains peuvent prendre leur fusil, la nuit, s'ils sont réveillés même par leur propre musique, si elle leur est intempestive ; une musique étrangère ne devient insupportable que si autre chose déjà est insupportable, j'y reviendrai.

Une remarque sur le « Tu... ». J'aime beaucoup le texte hébreu, donc je lui dois de rectifier cette phrase qu'on cite comme on la cite, et tant mieux : chacun lui donne son sens. Le texte dit : « Tu aimeras *pour* ton prochain comme *pour* toi-même. » *Pour*... C'est comme si le Texte était averti qu'aimer son prochain supposait s'aimer soi-même. C'est compliqué, le miroir, la projection... Il dit : « Tu aimeras *pour* ton prochain » très modestement : quand les événements se présentent, tu ne feras pas le tri en poussant vers ton prochain ce qui est mauvais et en gardant ce qui est bon ; tu te mets simplement à sa place quand tu lui envoies le pire. C'est tout. Évidemment, je pense que si Jésus a dit d'aimer son ennemi, et si la question a une valeur, ce n'est certainement pas – du moins à mes yeux – un mode d'emploi du genre : « Ce type est votre ennemi, vous l'aimez, n'est-ce pas ? » Je crois que ce n'est pas cela, je crois que Jésus l'a dit dans un certain contexte, a lancé des paradoxes... Il était devant des gens qui se martelaient dans la tête : Dieu aime les bons et n'aime pas les méchants. Il lui fallait renverser cela ou *montrer quelque chose de renversant du côté du divin*, faire entendre que Dieu peut aimer les méchants, et que donc la différence entre les bons et les méchants n'est peut-être pas aussi simple. Oui, celui-là, c'est mon ennemi, je l'aime, mais parce que j'ai envie de l'aimer maintenant. Seulement, *si j'en fais une règle générale, j'efface le mot « ennemi » de la langue*, et quand une langue perd un mot, c'est que ceux qui la parlent ont débloqué. Tous les mots sont nécessaires à la langue. Et j'ajouterai pour mon ami Marek Halter : je suis sûr que si un Afghan entrait ici ce soir avec son chapelet, non seulement il serait accueilli mais chacun s'empresserait, rivaliserait d'accueil pour l'avoir à côté de soi, pour montrer à quel point, avec tout ce qui se passe, ils l'aiment mieux que le voisin...

Je vais sur cette lancée proposer une petite distinction. Je pense que ce n'est pas l'autre différent qui nous fait problème. Je pense que s'il y a des Zoulous dans le coin qui jouissent comme des Zoulous et vivent comme des Zoulous, cela ne pose pas de vrais problèmes, on peut même s'offrir le pittoresque de mieux les connaître et d'en faire des mémoires ethnographiques intéressants. En revanche, quand l'autre différent s'approche du même, c'est-à-dire quand leurs enfants vont à l'école avec les vôtres, quand ils prennent des places que vous pourriez prendre, quand ils sortent avec vos filles, donc quand il y a une proximité, un phénomène fait que l'altérité de l'autre menace de vous rentrer dedans, c'est-à-dire de révéler en vous l'altérité que vous aviez cru maîtriser. Autrement dit, cela fait vaciller les frontières de votre refoulement, une barrière qui vous a aidé jusque-là à vivre. Et du coup, cela vous met dans un problème de mélange qui n'est pas le mélange avec les autres, mais quelque chose de plus complexe qui a été un peu trop vite survolé. C'est qu'elle n'existe pas, l'étape où l'on se dit : « Je vais d'abord m'accepter moi, et ensuite, quand je serai bien armé et bien tolérant, j'apprendrai à accepter l'autre. » De même qu'on dirait : « Je vais balayer tous les obstacles sur la route de mon désir » ; quand tous les obstacles sont balayés, il n'y a plus de désir et il n'y a plus de route. C'est un processus complexe, dynamique. C'est lorsque vous arrivez à vivre avec les « mêmetés », les identités, les identificateurs à travers la rencontre avec l'autre en tant qu'il est différent mais qu'il les éveille, que vous pouvez laisser entrer. C'est pourquoi j'ai inventé une idée, un mot, un terme pour décrire cette chose-là : j'ai dit que la différence entre soi et l'autre est devenue un concept insuffisant et j'ai proposé, dans un livre, l'idée de *l'entre-deux :* c'est un espace de rencontre où des événements doivent être possibles, vivables. Donc la distinction ne serait pas entre ceux qui ne supportent pas l'autre et ceux qui le supportent – inutile de vous dire qu'on peut très bien supporter l'autre en l'incluant dans le décor, c'est-à-dire en en faisant quelqu'un d'identique à soi, totalement dans l'altérité.

Un jour, j'ai été invité à une série de conférences suite à mon travail sur les trois monothéismes, devant un public de pasteurs. Passionné par leurs réactions possibles à mon analyse sur la manière dont les trois religions essayaient de se partager l'origine, j'ai été profondément étonné par leurs réactions : une tolérance totale, aucune objection, aucune question, ils acceptaient tout ce que j'avais dit. Quand la tolérance arrive jusque-là, cela veut dire que l'altérité de l'autre ne compte pas ; l'épreuve de l'altérité, c'est bien la capacité à vivre le conflit. Or nous sommes dans une société qui a fait de la violence un objet phobique. Donc si on s'empoigne et si on est en conflit, c'est comme si les envies de meurtre censées habiter chacun allaient se libérer, comme si on allait arriver d'emblée au meurtre. Ce n'est pas évident. Vous le savez très bien, dans les amitiés, dans les contacts, dans les projets communs, c'est souvent lorsqu'on affronte et qu'on traverse les points de conflit que l'on peut vraiment s'en assurer, les altérités ont été intégrées, le but n'étant pas d'accepter l'autre : j'espère que l'autre gardera toujours quelque chose d'inacceptable, d'inintégrable, d'inavalable, d'indigérable. Et il ne s'agit pas de cela, il s'agit de le reconnaître assez pour que le conflit avec lui ne soit pas meurtrier ; pour que l'espace d'entre-deux qui se trame soit un espace de vie.

Ainsi, la différence que j'ai formulée sur la haine identitaire se situe entre, d'une part, ceux qui, devant la faille impliquée par la relation à l'autre, devant la cassure ou la blessure ou le déchirement, sont prêts à transformer cette épreuve, cette tension, dans un sens de vie, et, d'autre part, ceux chez qui elle déclenche le fantasme d'une solution finale où ce type de problèmes ne se pose plus jamais, c'est-à-dire ceux pour qui il s'agit de combler cette faille avec le cadavre de l'autre. Il y a donc ceux qui n'ont pas besoin de sacrifier l'autre en cas de tension vivante et ceux qui en ont besoin pour s'assurer d'un projet de vie encore durable.

On retrouve alors de grands messages telle la fameuse mise en scène d'Abraham dans un lieu où les gens s'entre-tuent parce que le partage de l'être est plus difficile que le partage de l'avoir et du gâteau. On peut tout faire, tout sacrifier mais pas le vivant, pas l'être-vivant, pas l'humain. Sacrifier quelque chose, dans cette bagarre, cela veut dire casser quelque chose, faire un scandale, créer une perte – c'est cela, justement, qui s'appelle un sacrifice – mais non résoudre le problème par la suppression de l'autre.

Il faut le dire quand même à l'éloge de l'humanité : toute féroce qu'elle est, elle n'a pas mis en route des projets d'extermination plus nombreux qu'ils ne sont. Le projet nazi a émané d'une identité littéralement excédée par une altérité inintégrable, l'altérité juive : il a fantasmé qu'en l'éradiquant, en supprimant le peuple juif, elle allait créer une identité sécure, solide, fière d'elle, identique à elle-même, pleine, rayonnante de sa plénitude ; vous le savez très bien, cela crée plutôt des identités assez brutes. C'est clair, et tout le monde le sait, on a besoin de l'autre.

Les problèmes du rapport à l'autre sont aujourd'hui suffisamment riches et complexes. On n'a pas besoin de s'en imaginer à tout bout de champ : celui qui ne vous supporte pas, celui qui a mal à son altérité, le phobique dont vous réveillez le symptôme, le narcisse que votre narcissisme menace, il n'est pas sûr de sa solution : « Je te tue parce que tu es un autre. » Par exemple ceux qui ont commis l'attentat de New York n'ont pas fait ce meurtre-suicide parce qu'ils ne supportent pas l'autre, parce que cet autre leur paraît arrogant, insupportable..., je ne crois pas qu'ils ont entrepris pas à pas un grand projet en vue de l'exterminer, mais qu'ils ont été pris dans une sorte de passage à l'acte : ce qu'ils savent de leur origine, de leur identité, ne collait pas avec la réalité ; leur identité leur donnait une plénitude, une espèce d'universalité où l'autre apparaissait comme un errant, un idolâtre, un cas tératologique, quelque chose de bizarre qui était là, qui avait un pouvoir et déchirait pour eux la perception de la réalité – le passage à l'acte vient crier que la contradiction en eux est insupportable. Des crises de cet ordre se répéteront jusqu'à ce que, peu à peu, parce qu'elle a quelque temps de retard, l'identité islamique vienne s'ajuster au jeu planétaire, même s'il y a contradiction entre ceux d'entre eux qui veulent vivre avec l'Occident et ceux qui veulent célébrer certains énoncés caducs, archaïques et injouables.

Donc ce sont des questions extrêmement complexes et très proches de la vie. En attendant un taxi, un jeune me raconte ses problèmes : j'ai un copain qui s'appelle X (un nom qui consonne avec « gay »), toute la classe le persécute, et il est très malheureux. La situation m'a rappelé une autre violence dans une classe de banlieue plus avancée où un enseignant de philosophie exposait les thèses de Socrate, la maïeutique..., lorsqu'un grand dadais s'est levé, a jeté son stylo et dit : « Y en a marre, de noter les pensées d'un pédé. » Le pédé, c'était Socrate, et le garçon était clairement à ce moment d'hésitation de tous les adolescents : faut-il investir le même sexe ou l'autre ? Un moment où la question de l'homo- ou de l'hétérosexualité se posait de façon aiguë. Ainsi, pour cette classe, comment cela va-t-il se résoudre ? Comment est-ce possible ? Va-t-on fouiller dans la psyché de chacun pour dire : « Vous savez, les homosexuels ça existe, les étrangers ça existe... » Va-t-on leur faire des petites injections d'altérité ? L'histoire invente la solution avec une variété incroyable, y compris cette crise à laquelle nous avons assisté : tant de déchirement, cela fait partie des violences qui sont en train de produire un certain apaisement de l'espace d'entre-deux, au prix d'injustices inouïes et d'actes de piraterie incroyables ; mais des sociétés jusque-là fermées sont en train de s'ouvrir. Les homosexuels ont été intégrés, acceptés, aujourd'hui c'est légalement puni de formuler une insulte à leur endroit : ils ont conquis cette reconnaissance exactement comme une communauté zoulou travaillant en France et disant : « Nous avons droit à une certaine dignité. » Il n'empêche que si quelqu'un voit ces Zoulous sortir avec ses filles, venir à son travail, parler sa langue, écrire dans ses journaux, si cela titille son fantasme d'identité calme, apaisée, uniforme – pourtant seulement un moment de sa vie –, alors il va lancer une insulte ou faire un passage à l'acte anti-homo, anti-Zoulou... Comme s'il était pris à contre-pied au moment où il est très peu préparé à affronter cet entre-deux. Mais lorsqu'il est sans autre – il m'est arrivé de passer dans des villes où les étrangers ne sont pas les bienvenus –, on sent quelque chose de triste, de mélancolique. Sartre a donné l'exemple d'un homme enfin avec lui-même, tranquille, au Luxembourg, et voilà qu'un autre arrive et perturbe la quiétude de son espace. Pour Sartre, c'est un viol. Or si on y réfléchit, on s'aperçoit que si cet autre n'était pas entré dans le parc, le premier serait peut-être mort de déprime.

HUBERT AUQUE : Vous dites que s'accepter soi d'abord n'existe pas. Pour ma part, je maintiens que si ; c'est une démarche volontariste et personnelle. De même que la non-violence. Cela ne se décide pas d'un coup mais peu à peu, quand on a cherché du côté de sa propre violence.

DANIEL SIBONY : C'est un point très important. Imaginons... on va dire à un thérapeute : « Je n'arrête pas de buter contre moi-même et contre les autres, je veux faire un travail, une démarche pour arriver un peu à m'accepter... » ; c'est ce qu'on dit. Mais on s'aperçoit que ce qui est visé dans l'acte thérapeutique, dans le tissu d'une démarche psychanalytique, c'est un acte symbolique où il s'agit de convoquer tous les moments où on a été en guerre avec l'autre et où ça s'est mal terminé, que ce soit avec le père à trois ans, avec le frère à six ans, avec un étranger, avec un autochtone... La plupart de ces moments où l'entre-deux a mal tourné ont été plutôt un étouffement qu'autre chose, ont obligé à refouler jusqu'à ce qu'on n'en puisse plus. On produit des actes symboliques, des paroles qui ne sont pas forcément belles, mais qui arrivent à apaiser ces points où la rencontre avec l'autre a été violente. Autrement dit, à un niveau pré-historique de reprise dans le temps, cette démarche de s'accepter fait partie du vaste tissu qui consiste à vivre certains conflits d'une façon pas trop meurtrière pour soi ou pour l'autre.

Parfois, aussi, on dit : « Je vais voir ce qu'il en est de ma violence... » ; mais il n'y a pas *ma* violence, je ne la connais que par les situations où elle a explosé avec l'autre. Ma violence, c'est mon énergie de vie grâce à laquelle je ne suis pas complètement effondré dans la vie. C'est plutôt une force, mais cela tourne à la violence car la violence émerge quand l'énergie qui devrait être consacrée à la rencontre avec l'autre tourne mal, tourne court, devient aigre et amère. La rencontre est ratée ou bien l'un des deux se dégonfle. Et voilà, cela crée une violence, et une violence peut être froide. La plupart de celles que nous connaissons sont des évitements de la violence.

Parler, c'est accepter l'autre

par Marek Halter

Au début, il y avait un jardin, où se baladait un couple nu. Ils se supportaient bien, n'avaient pas envie de se gifler. Ils pensaient être seuls, mais ils ne l'étaient pas. Hors de leur château, il y avait des banlieues, ce que la Bible appelle « les bêtes des champs ». Des *Bougnouls*, des étrangers, des Métèques, des sans-papiers... Le couple vivait, tranquille, puisqu'il n'avait pas à affronter l'autre. Un jour, un de ces *Bougnouls*, « la plus maligne des bêtes des champs », dit la Bible, s'aventure près de ce jardin, et voit ce couple nu.

Le plus grand commentateur de la Bible, un vigneron de Troyes, Rachi, a fait le plus court des commentaires : « Et le serpent a désiré Ève. » Le serpent, c'était un beau garçon ; il marchait et parlait. Cette intrusion de l'autre différent, avec un parcours différent, perturbe l'histoire de l'humanité. Qu'il ait désiré Ève et fait l'amour avec elle, la Bible ne le dit pas. Il a suffi qu'il introduise autre chose, et voilà que nous sommes ce que nous sommes. Le serpent a cessé d'être un beau garçon ; il est devenu le serpent qui rampe. Et ce couple a perdu le Paradis. Ainsi, c'est l'autre différent qui, en s'introduisant dans ma vie, génère la violence. Elle existe en nous.

S'il en est ainsi, quel est l'antidote ?

L'Ancien Testament dit que l'antidote, c'est la Loi. Moi, je pense que c'est le langage. Parler.

Je ne suis jamais allé à l'école, parce que l'histoire ne me l'a pas permis. C'était en Ouzbékistan, là où, aujourd'hui, nos forces armées sont bloquées avec les aides humanitaires. J'étais un petit voleur – un très mauvais voleur, d'ailleurs, on m'attrapait souvent. Un jour, alors qu'on me tabassait, j'ai été libéré par une bande de vrais voleurs. J'avais dix ans, ils en avaient quatorze ou quinze. Je leur ai expliqué que je volais pour nourrir mes parents à l'hôpital, que ma petite sœur était morte de faim... Ils m'ont dit : « Tu ne sais pas voler, que sais-tu faire ? » Je ne sais pas pourquoi, j'ai répondu : « Raconter des histoires. »

Le soir, ils m'ont conduit au rassemblement de toutes les bandes de la ville. Là, chacun à son tour, ils racontaient des histoires. Plus la blague était grosse et salée, plus ils riaient. Mon tour est arrivé. Je ne connaissais pas ce genre de blagues. Timidement, j'ai commencé à raconter *Les Trois Mousquetaires*. Au bout d'une heure, ils écoutaient encore, j'ai raconté *Vingt ans après, Le Vicomte de Bragelonne*. Ensuite, j'ai inventé les aventures de d'Artagnan à Jérusalem. Alexandre Dumas aurait été fier de moi !

Ce fut ma première leçon : quelque chose nous unit tous, c'est le désir d'une société plus juste, plus fraternelle. Nous n'y sommes pas encore, puisque la violence et le rejet de l'autre sont notre pain quotidien. Même ceux qui étaient prêts à tuer facilement avaient ce même rêve.

J'aime cette idée que le Talmud développe : tous les enfants du monde, même ceux qui naîtront dans dix millions d'années, étaient déjà présents au pied du mont Sinaï quand Moïse a donné la Loi. Un enfant naît, et il sait au fond de lui-même ce qui est bien ou mal.

Connaissez-vous un seul dictateur sanguinaire – depuis Nabuchodonosor, en passant par Néron, Caligula, Hitler et d'autres – qui est venu affirmer à l'humanité : « Oui, je tue et j'en suis fier » ? Non, ils s'en sont tous cachés, cherchant à justifier leur faute. Une fois face à leurs juges, le procès de Nuremberg l'a montré, ils adhèrent à notre système de pensée et à nos valeurs.

Dans cette bande de voleurs, j'ai aussi expérimenté que parler empêche la violence. Tant qu'on parlait, on ne se tuait pas. On pouvait s'insulter, argumenter... C'est celui qui manquait d'arguments qui frappait toujours le premier. Là, j'ai compris que la violence commence où la parole prend fin.

En 1969, au Proche-Orient, le monde arabe a trouvé une arme absolue : refuser de parler à Israël. Non nommé par eux, Israël n'existait pas, il était transparent. Même en France, on ne pouvait pas mettre un juif français dans le même studio de télévision qu'un Arabe, car pour lui, le juif n'existait pas. C'était terrible. Fort de mon expérience de petit voleur d'Asie centrale, je me suis dit qu'il fallait casser cette négation de l'autre. J'ai pris des contacts pour rencontrer Arafat qui, à l'époque, se trouvait près d'Aman. Auparavant, j'avais trouvé plus honnête d'en avertir Golda Meir qui était Premier ministre d'Israël, et je suis allé la voir. Son bureau était nu, dans une énorme pièce, avec une carte derrière elle. Un cendrier, et un paquet de cigarettes.

« Je veux t'annoncer que demain je vois Arafat. »

Elle s'est levée d'un bond, a frappé du poing sur la table tellement fort que le cendrier est tombé par terre. C'était un personnage carré !

« Tu vas parler et serrer la main d'un homme qui a plein de sang juif sur les mains ! »

Pris de court, j'ai répondu :

« Moïse est allé parler au Pharaon, qui avait tué tous les premiers-nés juifs.

– Oui, mais tu n'es pas Moïse ! Et c'est Dieu qui lui a dit d'y aller. »

C'était une évidence. Personne ne m'avait rien dit, sauf ma conscience. Je lui ai répondu :

« Toi, tu es élue pour protéger et faire vivre en paix une population ; moi, ma seule puissance face à la violence, c'est la parole. Si, en essayant, nous pouvons sauver la vie de quelques enfants, cela vaut la peine. »

Elle n'a rien répondu, et je suis parti. C'est difficile de partir quand quelqu'un ne dit rien. En ouvrant la porte, je me suis retourné, elle était toujours debout, visage fermé.

Le lendemain, à mon hôtel, à six heures du matin, le téléphone sonne. C'était Golda. Elle a dit un seul mot : « Vas-y. »

Je suis donc allé voir Arafat, avec la bénédiction de Golda Meir.

Débat

L'autre, c'est souvent le minoritaire. Mais, quand on est dans le camp des minoritaires, comment accepter l'autre, ou les autres comme majoritaires ?

DANIEL SIBONY : Ce qui est minoritaire ici peut être majoritaire à côté, ce n'est pas une question d'essence, mais de situation, d'événement. Ajoutez-y un petit brin de bon sens : si vous êtes en Occident et si vous êtes scandalisé par les attentats terroristes, le problème d'accepter l'autre – par exemple l'identité islamique dans son ensemble – a quelque chose d'un peu ridicule : cet autre est tellement important, tellement énorme que le problème a quelque chose d'un peu risible. La question est plutôt : comment faire avec ? Comment vivre avec ?

Donc si dans une minorité quelqu'un se pose la question d'accepter la majorité, je crois qu'en réalité il se pose une question moins ridicule : pourquoi vais-je m'aligner sur la norme de l'autre, le majoritaire ? Autrement dit, ce n'est pas parce que l'autre est majoritaire, et parce que moi je suis minoritaire, que ce qui fait loi pour lui doit être tenu par moi pour loi : c'est la règle de la majorité et non l'essence même de la loi, je peux m'y plier mais elle ne m'agrée pas. Et c'est soutenable. Vous le voyez, s'il est en position vraiment minoritaire, la question d'exclure, d'éradiquer la majorité revient à la question : comment se protéger d'elle ? Voilà pourquoi elle a une certaine valeur, celle d'une circonstance où l'un des deux est a priori plus faible.

Mais il peut se produire des retournements : on a tous vu le Maghrébin comme l'antiraciste absolu puisqu'il était attaqué par l'« extrême droite » ; comme je suis maghrébin et de langue arabe, cela m'agrée tout à fait, j'ai immigré en France à treize ans, et le français n'est pas ma langue d'origine. Mais avec le temps, on s'aperçoit que cet autre-Maghrébin qu'on a idéalisé en prototype, en symbole de la lutte contre la haine identitaire, qu'il peut s'exprimer et exprimer lui aussi sa haine identitaire. Le résultat est plutôt positif : cela veut dire qu'il ne faut pas idéaliser l'autre. Et justement quand j'ai parlé tout à l'heure de l'Afghan qui aurait été entouré en entrant, je ne dirais pas que c'est opportuniste, mais qu'il aurait été un peu idéalisé ; peut-être qu'une façon de faire vivre l'autre, c'est de ne pas l'idéaliser, de lui reconnaître comme nous le droit à la faille, à la cassure, à l'échec, au ratage, au manque : on ne l'accepte pas parce qu'il est très bon, mais parce qu'il est vivant. Si on le rejetait vraiment, c'est qu'on ne se sentirait pas assez vivant soi-même en sa présence. Et cela, c'est dommage. On ne devrait pas dire à ceux qui n'acceptent pas l'autre : « Accepte-le, il est très bien... », mais plutôt : « Ne le rejette pas, tu n'es pas si mal... »

HUBERT AUQUE : Il y a des gens qui se mettent toujours en situation de minorité et qui en jouissent.

MAREK HALTER : Être minoritaire ne protège pas de faire du mal le jour où on devient majoritaire. L'oubli va très vite. Au contraire, il y a ceux qui entretiennent constamment la mémoire des moments douloureux. Cela est arrivé avec les juifs revenus des camps, ou les Russes après le goulag, comme Soljénitsyne, et qui vivent dans leur mémoire. C'est pourquoi je n'aime pas le mot « devoir de mémoire » ; au nom d'une mémoire particulière, on est prêt à liquider la mémoire des autres.

Depuis la Seconde Guerre mondiale, toutes les guerres sont des guerres de mémoire : Rwanda, Kosovo, Sarajevo... En maintenant en vie la mémoire de la douleur qu'il a pu subir, chacun entretient une violence contre ceux qui ont infligé cette douleur, et on en voit le résultat.

Il y a deux formes de mémoire. Celle de la douleur, qui entretient la haine pour faire payer les autres dès que c'est possible, et il y a l'autre, celle qui permet la compassion avec l'autre qui souffre. Le mot le plus souvent répété dans la Bible, c'est : *zakhor*, « Souviens-toi ». Cent soixante-huit fois. Ce n'est pas pour se souvenir de sa propre douleur, c'est pour se souvenir de l'esclavage en Égypte et comprendre ce que peut ressentir un autre esclave, l'étranger.

Combien de mes amis juifs ont aujourd'hui oublié ce qu'ils ressentaient quand ils étaient minoritaires ! Le fait d'être ou d'avoir été minoritaire ne donne pas des qualités exceptionnelles, pas plus que le fait d'être majoritaire n'enlève nos qualités.

Quelle est la place du bouc émissaire dans la société actuelle ? Est-ce un fonctionnement psychologique incontournable ?

H. A. : Je regrette beaucoup que nous n'ayons pas de lieu où les victimes soient reconnues comme telles. J'ai beaucoup fréquenté les corridas. C'est un lieu où la violence est canalisée, comprise, avec une victime propitiatoire, le taureau. Alors, quand il n'y a pas d'arène officielle, comment ça marche ? Les arènes sont partout, dans la rue, à tout moment, les boucs émissaires sont diffus.

Peut-on apprendre à accepter son prochain au sens où la vertu peut s'apprendre ?

D. S. : Il paraît que la Bible donne un remède, un antidote : l'amour. Mais le premier Testament ne le donne pas tout à fait comme remède, et, en plus, ce n'est pas l'amour en général, c'est l'amour de l'Être, c'est-à-dire du divin, de l'Être infini. Si vous l'avez quand vous êtes devant quelqu'un qui vous obstrue l'horizon, vous vous dites : l'horizon de l'être, du possible est beaucoup plus grand, lui, et il ne peut pas me l'obstruer. Ça vous évite de vous déchirer parce que vous n'arrivez pas à l'aimer ; ce n'est pas grave si vous ne l'aimez pas. En revanche, c'est grave si vous le fétichisez au point de croire qu'il peut contrebalancer tous les possibles et vous rendre la vie impossible. Donc l'amour de l'être, c'est fort, c'est très fort. Il y a des variantes, par exemple, il faut parler, se parler... Bien sûr, pourquoi pas ? Si on peut se parler, c'est déjà pas mal, ça veut dire qu'on n'est pas prêt à s'entre-tuer.

Mais c'est là que commencent les cercles vicieux : si je peux lui parler, c'est que déjà je l'accepte, et que déjà il m'accepte. Or, au Proche-Orient (je reviens d'un colloque Israéliens-Palestiniens), ça parle, ça parle beaucoup. Mais c'est très émouvant parce que c'est une impasse : les Palestiniens se proclament « les nouveaux juifs », le *Verus Israël*, et les autres ne veulent pas lâcher cette place : il y a un partage qui se révèle impossible.

Ce que Marek Halter a dit est formidable : il a symbolisé une idée par un geste, symbolisé l'idée qu'un jour les Israéliens auront non seulement à parler mais aussi à vivre avec eux. Et les autres boudaient ; et les Israéliens boudaient parce que les autres les boudaient. Un jour j'ai dit : « Ce qu'il faudrait, c'est qu'ils boudent en même temps ou qu'ils se sentent blessés en même temps. » J'ai relu les journaux pour une recherche précise, et je suis tombé sur la veille de l'attaque de juin 1967. Vous savez qu'il y avait une atmosphère de guerre sainte où les journaux arabes proclamaient : « Rendez-vous à Tel-Aviv » et les chefs palestiniens : « Il est peu probable qu'il y ait des survivants... » À la relecture, après plus de trente ans, j'ai été frappé par ce fait : Nasser, qui avait provoqué toute cette crise en bloquant le détroit de Tiran, donc en étouffant le port d'Eilat, a dit : « Non je n'attaquerai pas, mais si Israël attaque, ce sera une guerre totale. » Voilà. Ce qu'il voulait c'était que les Israéliens supportent une blessure et ne fassent rien, comme deux personnes qui viennent de recevoir en même temps une mauvaise nouvelle qui les touche toutes les deux, elles font le deuil, elles pleurent, elles crient, puis elles parlent, puis elles boivent, puis elles rient. Et c'est ce partage du deuil qui est difficile.

C'est la question d'apprendre. Apprendre, c'est pareil : pour apprendre quelque chose, il faut déjà l'accepter, se projeter dedans. Il faut même plus que ça, il faut pouvoir l'accepter et tenir à autre chose, sinon on coule dans ce qu'on apprend. Ceux qui ont des difficultés à apprendre, alors qu'ils sont intelligents, c'est qu'ils n'arrivent pas à aller tout entiers jusqu'à cette chose, ils ont peur en revenant de ne plus trouver personne, ils ont peur de disparaître, ils ont du mal à se partager. Pour apprendre, il faut se partager, et pour se partager il faut accepter le partage avec l'autre, le partage de l'autre... Vous pensez que ce sont des préalables ? Pas du tout, ça fait partie d'un cycle qui anime cette vie de l'entre-deux, où on essaie... Cela dit, il y a au moins un point où je serai catégorique : cela ne s'apprend pas comme un programme... Il y a des psychologues comportementalistes qui apprennent aux gens à ne pas avoir peur dans certaines circonstances ; ça marche très bien, ils leur montrent chaque fois que leurs raisons d'avoir peur ne tiennent pas debout. Moyennant quoi, ils les laissent avec la vraie peur, qui est la peur sans raison.

Comment comprendre la phrase de saint Paul : « Être tout à tous, juif avec les juifs, et grec avec les Grecs » ?

H. A. : Dans la mesure où je sais où je suis, je peux aller vers l'autre ; je ne me déracine pas. Aller vers l'autre ne veut pas dire perdre mes repères, au contraire.

Faut-il d'abord juger et condamner avant de pardonner ? Et y a-t-il des limites au pardon ?

M. H. : Le prophète Michée s'écrie : « Faut-il que le méchant meure ou qu'il reconnaisse ses fautes et qu'il vive ? » Bien sûr, on souhaite qu'il reconnaisse ses fautes, et qu'il vive. La peine de mort n'est pas pour moi un objectif. S'il est jugé et qu'il a reconnu ses fautes, est-il pardonné du même coup ? Avec Jankélévitch, je dirai : « Qui suis-je pour pardonner ? »

Bien sûr, si quelqu'un m'offense puis me demande pardon, alors je peux lui pardonner, c'est une affaire entre lui et moi. Mais si un groupe humain décide de liquider un autre groupe humain, il doit être jugé par l'humanité, même s'il reconnaît sa faute. Mais quelqu'un qui prend une vie n'a pas droit au pardon, sauf peut-être par celui qui lui a donné la vie.

Dans la tradition juive, il y a un seul jour où un juif peut demander pardon, c'est le jour du Grand Pardon, le jour du *Yom Kippour*. Il peut le demander, mais il n'est pas du tout sûr de l'obtenir. Et il ne le saura jamais, ce qui explique peut-être l'angoisse de ne pas être entendu qui a amené un juif à inventer la psychanalyse.

Alors qu'elle prêche la tolérance, la religion rend-elle fanatique ?

D. S. : J'ai laissé entendre que les facteurs de violence sont de deux ordres. Deux individus s'accrochent par leurs symptômes ; chacun se promène avec ses symptômes comme avec une quincaillerie et quand il accroche ceux de l'autre, s'ils n'ont pas la capacité d'interpréter, de prendre un temps de pause, de penser, ça s'emmêle encore plus et c'est la montée de violence. Au niveau des groupes, et d'ailleurs au niveau des individus aussi, j'ai appelé cela « l'entrechoc narcissique » : il y a deux identités, et quand l'une se sent menacée par l'existence de l'autre, elle projette dessus la faille, le manque qu'elle vit elle-même et elle ne la supporte pas.

Les religions sont une façon de gérer le symbolique, et elles ont beaucoup de mérite, parce qu'elles ont fait le travail quand il n'y avait personne d'autre pour le faire. Elles ont fait ce qu'elles ont pu pour gérer le symbolique, alors forcément, elles sont concernées par l'identité de chacun et l'identité des groupes. Mais je suis persuadé que, sans les religions, des entités narcissiques se seraient déchirées encore plus sauvagement – si c'est possible – qu'avec les religions ; les religions ne sont pas la cause mais l'occasion d'une violence narcissique qui concerne l'intégrité identitaire. On dit que le fanatisme, c'est la définition même de la violence : ne pas supporter l'autre. Mais pas du tout. Au sens presque étymologique du terme, le fanatisme veut dire : la manie de croire qu'on a en soi un *fanum*, un temple, de se prendre pour le représentant de Dieu et donc de juger, de dire où sont le bien et le mal. On peut même ne pas s'attaquer aux autres, convaincu qu'ils sont de purs déchets animaux, qu'ils sont dans l'erreur totale, ce qui n'excite pas forcément la haine. Seulement, en plus, ils se prennent pour Dieu, et même s'ils ne se prennent pas pour Dieu, s'il a une identité, s'ils vous découvrent dans cette identité, dans son intimité, comme un facteur de désordre, alors là, la haine vise à vous expulser.

C'est là que j'ai un peu travaillé la question des textes religieux, et j'ai vu comment les trois textes, la Bible, les Évangiles, le Coran essaient étonnamment de résoudre le problème du partage. Ils pensent que c'est le partage de Dieu et chacun le tire de son côté. Or Dieu n'est pas partageable, surtout si c'est l'être... Alors ils essaient de s'arracher la première place – l'Église a fait ça pendant des siècles, elle semble fort heureusement avoir renoncé, c'est bon signe. Les juifs ont été les initiateurs mais ils ne sont pas les détenteurs : le divin se promène et la première place ne vaut rien, elle est plutôt risquée. L'épreuve, c'est celle du partage, épreuve non seulement entre des identités religieuses mais aussi entre des identités laïques, entre des individus qui n'ont rien à voir avec les religions.

Autrement dit, la violence, je maintiens cette approche, c'est l'entrechoc flamboyant, meurtrier, étincelant, d'entités narcissiques qui se sentent menacées parce qu'elles ont le fantasme de l'intégrité, de la plénitude. Le jour où les religions auront renoncé à ce fantasme de détenir l'origine, lorsqu'elles en auront fait leur deuil, elles ne s'entre-déchireront plus, même en « douceur » ; elles donneront un exemple de partage réussi. Jusqu'à présent, ce n'est pas le cas – et c'est pourquoi, d'ailleurs, religieux et non-religieux sont selon moi sur le même plan.

H. A. : Aussi longtemps que dans la religion on martèlera le mot « amour », il y aura de la violence. Quand on parle à l'autre en lui opposant l'amour, cela avive sa violence. Tant que les religions ne comprendront pas qu'on est à la fois fait d'amour et de violence, cette dernière sera incontrôlable. Quand la violence est nommée, cela se passe autrement.

Peut-on apprendre à s'aimer soi-même ?

« Une tendre indifférence vis-à-vis de soi-même »

par Alain Houziaux

Ce qu'évoque d'abord pour moi la question : « Peut-on apprendre à s'aimer soi-même ? », c'est le phénomène très actuel des nouveaux marchands du Temple. Aujourd'hui, les marchands du Temple sont ceux qui proposent des remèdes, des techniques et des recettes pour apprendre à s'aimer soi-même, pour tromper sa peur du vide de la vie.

Un doigt de psychanalyse, un verre à moutarde de traditions ésotériques, ajoutez un zeste de yoga... Gobez tout cela et vous arriverez à supplanter le vide de votre vie et même à vous aimer vous-même.

Vouloir s'aimer soi-même, c'est tenter un ultime recours lorsqu'on n'arrive plus à aimer la vie avec ses courants d'air et ses portes ouvertes à deux battants même si elles peuvent de temps en temps claquer.

Pour moi, l'amour pour soi-même évoque la définition même du péché par Luther, à savoir le fait d'être recourbé sur soi-même.

Je sais bien que le fameux deuxième commandement : « Tu aimeras ton prochain... » précise :

« ... comme toi-même ». On y voit une manière d'autoriser et d'authentifier l'amour pour soi, alors qu'en fait il vaut mieux à mon sens traduire ce commandement par : « Tu aimeras ton prochain comme un autre toi-même », c'est-à-dire comme un autre sujet ayant, tout comme toi, son individualité propre et sa vie propre. Tu ne l'aimeras pas en le phagocytant. Tu l'aimeras comme un étranger. En effet la Bible rapproche l'amour du prochain de l'amour de l'étranger (« Tu aimeras l'étranger comme toi-même », Lévitique 19, 34).

Et Simone Weil dit que, puisque nous devons aimer l'étranger comme nous-même, nous devons nous aimer nous-même comme un étranger, comme un étranger quelconque. Avec cette précision, je comprends qu'il soit saint, juste et bon de s'aimer soi-même. Nous pouvons avoir un regard compatissant et miséricordieux mais aussi respectueux à l'égard de cet être, nous-même, qui vit, aime et meurt en restant étranger et voyageur sur la terre. Nous pouvons nous aimer comme l'un quelconque des membres souffrants du corps de l'humanité.

On peut dire que cet amour pour soi prend en considération ce qu'il y a d'universel et d'impersonnel en soi : le fait d'être souffrant, le fait d'être sans droit, et aussi de fait d'être soumis à une forme de nécessité (on pourrait dire de destin) qui le pousse, le chahute et l'étreint.

Nous pourrions dire qu'il s'agit d'aimer et de respecter en soi l'homme pécheur et justifié, l'homme misérable et pardonné, c'est-à-dire l'homme universel et anonyme. Il s'agit là d'aimer ce qu'il y a de « chair » en nous, c'est-à-dire d'humain.

Cet amour pour soi est donc aux antipodes de l'amour propre. Il n'a rien non plus à voir avec une forme d'amitié particulière que l'on pourrait avoir pour soi-même. L'amour de soi-même, c'est « une tendre indifférence vis-à-vis de soi-même », selon l'expression de Camus.

Nous ne sommes que des êtres de chair et de sang, de souffle et de néant, ombre fugitive, fleur qui se fane. Et l'amour que nous pourrions avoir pour nous-même, c'est l'amour, la compassion et la mansuétude pour cette universelle faiblesse, cette universelle humanité qu'il y a en nous. Mais c'est aussi l'amour pour ce qu'il y a en nous de semence de vie, de vitalité, de germination et de résurrection.

Ce que nous pouvons et devons aimer en nous, c'est ce qu'il y a de christique en nous, c'est cette part qu'il y a en nous du « corps du Christ », corps souffrant, corps crucifié et corps toujours ressuscitant.

Est-ce que cette forme d'amour pour soi peut s'apprendre ? Oui, sans doute, à condition d'être suffisamment fatigué et lassé de ses caractéristiques propres, de ses propres discours, de ses combats et de ses passions. Lorsque l'on est fatigué et saturé de tout intérêt pour soi-même, on peut alors aimer le mouvement, le drame et aussi la chance de la vie qu'il y a en soi, un peu comme le danseur qui, une fois qu'il s'est lassé de ses efforts pour bien danser et de l'image qu'il donne en dansant, peut aimer le mouvement de la danse qui se fait en lui comme s'il se faisait sans lui.

L'amour n'est plus alors amour pour soi, mais attention et disponibilité au mouvement de la vie, à la danse de la vie, à la célébration de la vie qui se produit en soi. Alors ma propre vie « apparaît comme quelque chose de dépourvu du support d'un moi individuel et permanent » (Proust). En effet, « ce que nous croyons être moi devient un produit aussi fugitif et automatique des circonstances extérieures que la forme d'une vague de la mer » (Simone Weil). Nous pouvons nous aimer en aimant ce qui « fait vague » en nous, tout comme la mer se laisse habiter par ce qui fait vague en elle.

De même que saint Paul nous incite à vivre « en étant marié comme n'étant pas marié, en pleurant comme ne pleurant pas, en se réjouissant comme ne se réjouissant pas » (I Corinthiens 7, 29), nous pouvons nous aimer comme si ce n'était pas nous.

Les oiseaux du ciel et les lis des champs

S'aimer soi-même, c'est se donner avec amour à la vie, à la grâce de vivre, à la grâce de vivre par grâce, tout comme le font les oiseaux du ciel qui ne sèment ni ne filent et qui se donnent à la vie, au ciel et à la lumière, gratuitement, pour rien, sans réserve ni retenue. S'aimer soi-même, c'est s'offrir à la grâce de vivre et de s'épanouir, tout comme le font les lis des champs qui ne peinent ni ne filent et qui s'offrent et se donnent, pour rien, à la beauté de vivre, sans savoir pourquoi, sans demander pourquoi.

S'aimer soi-même, c'est aimer en soi la vie qui vous est donnée pour être donnée elle-même. C'est s'aimer comme une semence de vie lancée à la volée par le divin Semeur. Car Dieu est celui qui, infiniment, donne, a donné et donnera encore aux hommes le pain de la vie, pour qu'ils aiment ce pain.

Dieu donne ce pain, comme ça, pour rien, par grâce seule, par largesse et par magnificence pour que nous aimions ce pain, comme ça, pour rien, par simple amour de la vie.

Le moine et l'ascèse de l'équilibre

par Bernard Besret

Au cours de cette rencontre, nous allons entendre le point de vue d'un psychanalyste et celui d'un théologien. J'ai pensé qu'il me revenait de présenter le point de vue, un peu particulier, du moine que j'ai officiellement été, pendant vingt et un ans de ma vie, et que je considère toujours être, du moins dans un certain sens du terme.

L'intérêt du point de vue du moine, c'est d'être un point de vue *trans-religieux*. En effet la vie monastique, si elle n'a pas d'existence dans certaines traditions, se retrouve, avec des variantes, dans beaucoup d'autres. Dans le christianisme, on peut être moine orthodoxe ou catholique romain. Le protestantisme, de façon générale, ne favorise pas le monachisme. Néanmoins, nous connaissons tous les moines de Taizé et des communautés de « diaconesses ». L'Inde a ses ashrams et ses nombreux *sannyasin*, moines à la fois pèlerins et mendiants. Le bouddhisme a ses temples desservis par des moines et des moniales et encourage ses adeptes à accomplir la retraite de trois ans, trois mois, trois jours. Les taoïstes ont aussi des traditions de type monastique. Bref, la vie monastique représente avant tout un art de vivre, fondé sur une certaine conception de la vie humaine susceptible de se traduire dans les catégories religieuses de différentes traditions.

Cette conception commune s'exprime dans la racine du mot même de « moine », *monos* en grec, qui signifie « l'un, l'unifié ». La vie monastique s'efforce de replacer la multiplicité de la vie humaine dans la perspective de son unité. L'Évangile selon Thomas exalte cette perspective jusqu'à lui attribuer une béatitude : « Heureux êtes-vous, *monakhos*, élus, parce que vous trouverez le Royaume. Comme vous êtes issus de Lui, vous y retournerez » (logion 49).

Le vecteur de cette unité est la conscience. Un homme, une femme unifiés sont un homme, une femme dont la conscience rassemble dans l'unité les différents niveaux d'organisation de la vie. Ce sont un homme et une femme qui peuvent affronter toutes les péripéties de la vie, s'engager dans de multiples relations ou de multiples combats sans risquer de se disperser ou de s'émietter. Parce qu'ils sont enracinés dans l'intériorité, rassemblés par l'unité de leur conscience.

L'aventure de l'humanité est avant tout celle de la conscience. Certains penseurs avancent même que la conscience, par la poursuite du processus de l'évolution, peut être en train de se chercher un support moins fragile que notre corps fait de chair et de sang[1]. Sans prendre parti sur ces perspectives à long terme, il me semble, en réponse à la question posée, que nous sommes capables d'apprendre à nous aimer nous-même si nous favorisons, par tous les moyens à notre disposition, l'émergence en nous de la conscience.

Nous disposons pour cela d'un ensemble d'outils. De même que le pianiste, pour parvenir à exprimer la nuance la plus subtile de sa sensibilité, doit avoir eu la patience de travailler ses gammes ; de même que le danseur doit avoir eu le courage d'affronter jour après jour les exercices à la barre pour accroître sa marge de jeu et devenir capable de s'exposer à des déséquilibres de plus en plus grands tout en retombant sur ses pieds ; de même l'homme et la femme qui veulent exprimer au monde la conscience dans toutes ses virtualités doivent-ils accepter de faire des exercices. Les Grecs appelaient *askesis* ce travail sur soi-même. Nous l'avons traduit par *ascèse*.

Le mot, je le sais, n'est plus au goût du jour. On lui a donné pendant trop de siècles une connotation sacrificielle. Les pratiques ascétiques ont été trop longtemps présentées comme les outils d'une « mortification », de sorte qu'il nous est difficile de les envisager au contraire comme ceux de notre « vivification », ceux par lesquels nous nous efforçons d'accroître tous les jours en nous la disponibilité à l'émergence de la conscience. D'accroître notre

1. Cf. Jean-Michel Truong, *Totalement inhumaine*, éd. Les Empêcheurs de penser en rond, 2001.

capacité à l'exprimer au monde. Notre capacité à en faire une force de transfiguration de l'humanité. L'ascèse est l'ensemble des exercices par lesquels nous nous efforçons de devenir des signes aussi lisibles et aussi efficaces que possible de la conscience[1].

S'aimer soi-même, c'est donc commencer par apprendre à bien dormir pour jouir le reste du temps d'une bonne qualité d'éveil. C'est apprendre à se tenir debout, enraciné dans le sol, tendu vers le ciel, dans l'exercice reposant de la verticalité. C'est apprendre à respirer, comme nous l'indique l'étymologie même des mots « esprit » *(spiritus* en latin) et « spiritualité ». C'est apprendre à se nourrir en respectant le mode de fonctionnement des cellules qui nous composent. Si nous apprenions à les aimer, à les respecter, nous subirions sans doute moins les effets dévastateurs de leurs dysfonctionnements.

Apprendre à s'aimer, c'est apprendre à faire de chaque mouvement un geste humain, plein de sens et si possible efficace de ce qu'il signifie. Jusqu'à parvenir à la plénitude de l'immobilité qui est l'au-delà du geste. C'est apprendre à ne parler que si l'on a quelque chose à dire ou à effectuer par la médiation de la parole. Jusqu'à être capable d'habiter le silence d'une plénitude de présence. C'est encore apprendre à gérer nos rapports avec les outils contemporains de la communication. À nous en servir comme outils de libération du carcan que nous imposent l'espace

1. J'ai développé ce point de vue dans *Du bon usage de la vie.*

et le temps et non comme instruments d'aliénation. C'est être présent à soi, aux autres, au monde qui nous entoure. Être présent au lieu où, en nous, jaillit la bénédiction originelle.

JEAN-PAUL GUETNY : Vous nous parlez de la vie monastique en termes d'épanouissement de soi, alors qu'on a plutôt tendance à l'envisager naturellement avec une vision opposée. Ne pensez-vous pas que vous allez un peu loin dans cette logique ? Ce message-là, qui affirme que pour s'aimer soi-même il faut se mettre en retrait de la vie, est-il transmissible à quelqu'un d'aujourd'hui ?

BERNARD BESRET : La vie monastique dont je parle n'est pas forcément celle que vivent les moines et les moniales derrière les murs d'un couvent. Une vie humaine pleinement accomplie est à la fois ouverture sur le monde et recentrement sur cette intériorité qu'on pourrait presque définir comme un vide. En effet, l'expérience de la méditation montre qu'on se régénère lorsqu'on fait le vide de la pensée, des désirs et des préoccupations. Faire le vide permet de faire le plein. Dans le monde contemporain, nous sommes tellement sollicités par le multiple qu'une petite dose de vie monastique dans la vie de chacun apporterait cette polarité complémentaire qui me semble nécessaire pour avoir une vie équilibrée. J'organise des séminaires pour des chefs d'entreprise. Si ce que je propose les intéresse, c'est qu'ils ont conscience qu'ils auraient besoin d'un peu de vie monastique pour rééquilibrer leur vie, car il y a là un art de vivre valable pour chacun.

J.-P. G. : Vous n'avez pas parlé de la sexualité. Aujourd'hui, on peut difficilement éviter le sujet quand on parle d'épanouissement personnel. Les moines la maintiennent à l'écart. Pour s'aimer soi-même, faut-il minorer cette grande réalité de la vie humaine ?

B. B. : J'ai délibérément laissé ce sujet de côté parce que, si nous l'abordons, il faut entrer dans plus de détails... Dans les traditions monastiques du taoïsme, certaines écoles considèrent l'activité sexuelle comme fondamentale.

Ce vers quoi nous incline la tradition monastique, c'est de voir que, dans la vie humaine, il n'y a pas que les relations sexuelles qui sont sexuées. Toutes nos relations sont traversées par la sexualité. Il y a donc différentes manières de vivre sa sexualité. Les moines les plus épanouis ne ressemblent pas à de vieux garçons ni les moniales à de vieilles filles rabougries ! C'est une autre manière d'exprimer sa sexualité dans un amour qui ne se polarise pas sur une relation personnelle mais qui s'ouvre très largement sur un grand nombre d'êtres humains.

PAUL-LAURENT ASSOUN : Ce qui me frappe dans la tradition monastique, c'est le rapport au manque.

C'est le manque qui nourrit : par l'abstinence, il nourrit de quelque chose qui est de l'ordre de la privation et qui, paradoxalement, aboutit à une forme de jouissance supérieure. N'est-ce pas parce que le moine se prive qu'il accède, par le manque, à une forme d'amour de soi supérieur, après avoir renoncé à la relation à l'autre et à l'« objet » ?

B. B. : Je n'aurais pas employé le terme de jouissance, je me situe plus sur le registre de la plénitude... Je n'ai pas analysé cela sur le registre psychologique du manque. Sur le plan alimentaire, par exemple, on peut se dire qu'on se prive de nourriture si on mange avec modération. En fait, c'est un bienfait ! D'ailleurs les médecins ont démontré que c'est un bien pour sa vie que de manger peu. Je ne ressens pas cela comme un manque à sublimer, mais comme un plus qui porte en lui sa rétribution.

Il faut évidemment avoir à l'esprit la finalité des choses, ce qui n'est pas toujours le cas. On peut en pervertir le sens. Quand je suis entré au monastère, par exemple, nous jeûnions six mois par an : nous n'avions qu'un seul repas par jour. En soi, c'est quelque chose de formidable car l'organisme n'étant pas occupé à digérer toute la journée peut s'occuper à autre chose. Mais comme mes supérieurs n'avaient pas compris la finalité du jeûne, ils nous servaient à la fin de la journée des platées de haricots secs ou des soupes au choux qui n'avaient pas exactement la subtilité ou la finesse qu'il aurait fallu pour que nous en profitions vraiment ! De ce point de vue-là, je pense avoir un peu souffert, mais ce n'était pas par manque, ou alors c'était par manque d'intelligence !

Le mot « ascèse » est souvent perçu comme répulsif, source de mortification. J'ai toujours conçu l'ascèse comme une méthode de vivification, de prise en charge du devenir pleinement homme ou pleinement femme. Cela ne veut pas nécessairement dire réaliser des choses extraordinaires dans sa vie. C'est laisser émerger le fond du fond du réel, dont saint Augustin parlait comme du plus *intime à moi-même que moi-même*. En laissant ce « plus intime à moi-même que moi-même » émerger en moi, je relativise tous les aspects anecdotiques de la vie. Par surcroît, il m'est donné un vrai bonheur de vivre, une vraie vie pleine d'homme ou de femme inséré(e) dans l'histoire.

L'amour de soi à l'épreuve de la psychanalyse

par Paul-Laurent Assoun

Peut-on apprendre à s'aimer ? Voici une question transparente, voire poignante. Elle semble suggérer à la fois un malaise amoureux – espèce de relation tendue à soi-même – et une promesse d'antidote à ce mal.

C'est au reste une question que le sujet peut se poser à lui-même – sans doute même qu'il ne cesse de se poser. Elle fait écho à l'angoisse de quiconque, confronté à une crise dans l'investissement de soi-même et qui se demande comment retrouver la voie vers « soi ». Trajet qui va de la perplexité : « Est-ce que je m'aime ? » à, une fois expérimenté le doute : « Comment m'aimer à nouveau ? » Cela passe par une interrogation diffuse : « Pourquoi est-ce que je ne m'aime pas ? » susceptible de s'actualiser dans les moments critiques de vie.

Cette question doit être mise à l'épreuve de la psychanalyse, qui vient tout d'abord en troubler la simplicité et la limpidité. La formuler suppose d'une part que l'on puisse définir ou à tout le moins cerner ce que c'est que « s'aimer » et comment cet amour de soi est susceptible de s'altérer, voire de se perdre, et d'autre part qu'il y aurait un apprentissage de l'amour de soi. L'amour de soi pourrait se perdre et se retrouver, se dérober et se reconquérir. Que le sujet ainsi cesserait de s'autodéprécier pour se réhabiliter, en une espèce de réconciliation avec soi. Répondre positivement à cette question, c'est dessiner une *Reconquista* narcissique.

Comment la psychanalyse intervient-elle sur cette question ? Elle ne se réfère à aucun concept préalable, théologique, métaphysique, éthique, ni même – et surtout pas – psychologique de l'*amour de soi*. Elle s'appuie sur son expérience clinique, celle du sujet inconscient réel, quitte à produire des effets, déterminants, qui viennent réinterroger la métaphysique et secouer l'éthique, voire la théologie.

L'amour de soi et son inconscient

Comment le sujet forge-t-il effectivement son « amour de soi » ? On s'en doute, s'aimer n'est pas simplement se trouver à son goût. Il y a une scène inconsciente de cette opération délicate et essentielle.

Que dit-on quand on parle de s'aimer ?

Peut-être faut-il partir du paradoxe : l'amour porte toujours et par définition sur un autre. Il y a donc un paradoxe sémantique dans la simple expression « amour de soi », sauf à supposer que c'est *se prendre soi-même comme objet d'amour*, donc placer son *soi* en position d'*autre*. Le sujet de l'*amour-propre* est censé former un couple avec lui-même.

Or, cette idée, la psychanalyse l'assume en lui donnant sa portée métapsychologique[1], avec l'introduction du narcissisme[2]. Le narcissisme ne se réduit pas à l'idée d'autoérotisme ; tandis que « les pulsions autoérotiques sont originaires », « il doit s'ajouter quelque chose à l'autoérotisme, une *nouvelle action psychique*, pour donner forme au narcissisme[3] ». Il faut souligner cette expression pour comprendre que le narcissisme, en sa dimension inconsciente, n'est pas quelque béate et passive satisfaction de soi, qu'il fut à l'origine, dans le devenir du sujet, une action psychique *sui generis*, constituante du sujet même et que celle-ci se poursuit. Pas de possibilité de dire « moi » que de nourrir quelque amour pour moi. Le narcissisme est une sorte de *Cogito* spéculaire : je ne peux éprouver que *je suis* qu'à *m'aimer*.

Pour la psychanalyse, ce qui est premier est un rapport libidinal à l'objet, qui comporte une dimension autoérotique. Le narcissisme constitue un moment important – proprement structural – où le moi lui-même est investi comme objet d'amour :

1. Paul-Laurent Assoun, *La Métapsychologie*, « Que sais-je ? », PUF, 2000. Voir aussi de façon plus détaillée *Introduction à la métapsychologie freudienne*, « Quadrige », PUF, 1993.
2. S. Freud, *Pour introduire le narcissisme*. Sur le sens de cet événement, cf. notre *Psychanalyse*, premier cycle, PUF, 1997.
3. S. Freud, *Pour introduire le narcissisme*, sect. 1.

narcissisme primaire qui lui permet ensuite de « céder » aux objets la libido recélée dans ce « réservoir ».

Voilà donc le terrain de l'opération véritable de l'« amour de soi ». Il nous faut en conséquence, pour situer la portée de l'opération réelle, c'est-à-dire inconsciente, de l'amour de soi, suivre les tribulations de cette opération, à sans cesse réeffectuer. Cela suppose de décomposer cette question qui semble s'accommoder du simple constat qu'on peut s'aimer, ne plus s'aimer ou s'aimer à nouveau. Ce jeu de « cache-cache » a sa logique (inconsciente).

Corrélativement, il faut interroger l'idée même de *réapprendre*. On apprend, on acquiert un savoir à partir d'un autre, d'un *maître*. Faudrait-il donc que, en apprenant à m'aimer, je devienne mon propre maître ? Il n'est pas absurde de se demander : au nom de *quoi*, au nom de *qui* pourrais-je réapprendre à m'aimer ?

Il nous donc suivre le processus selon ces deux dimensions ou deux faces de l'amour de soi : la première *égotiste*, la seconde qui a trait à l'*autre*.

La clause narcissique de l'amour

Tout d'abord, la psychanalyse nous apprend qu'il y a un moment nécessaire, donc, où le sujet s'est aimé, et même d'un amour absolu : c'est le narcissisme.

Celui-ci n'est pas un égoïsme qui, lui, relève de

la simple autoconservation hédonique ; ce n'est pas seulement un autoérotisme, antérieur à la relation aux objets : c'est une *libido du moi*, véritable *action psychique*. « Complément libidinal de l'égoïsme », comme dit Freud. Événement (pré)historique par lequel le moi devient à lui-même son propre objet d'amour. Ce narcissisme est spéculaire, au sens où il se cristallise dans le miroir *(speculum)*. Narcisse est ce héros de la poésie mythique décrit par Ovide à qui il arrive cette étrange mésaventure : il tombe amoureux fou d'un autre... qui n'est autre que son double en image.

Il faut relire ainsi la mésaventure de Narcisse décrite dans ses *Métamorphoses*. Narcisse est d'abord un bel indifférent envers les désirs multiples qu'il inspire. Il semble ne trouver dans le monde nul objet de désir adéquat. Mais voici l'événement, alors que, penché sur une surface liquide, il rencontre son reflet : « Séduit par l'image de sa beauté qu'il aperçoit, il s'éprend d'un reflet sans consistance, il prend pour un corps ce qui n'est qu'une ombre. Il reste en extase devant lui-même, se transforme en statue. Il se désire dans son ignorance de lui-même. Que voit-il ? il l'ignore, mais ce qu'il voit l'embrase. Cette ombre, c'est le reflet de son image. Il contemple, sans en rassasier ses regards [1]. »

On a là l'image des lèvres qui s'embrassent elles-mêmes (Freud). Addiction scopique, le sujet ne se lassant par de se contempler sans fin.

1. Ovide, *Métamorphoses*, livre III.

Narcisse, celui qui n'aime personne, a enfin trouvé l'objet qui enflamme son désir. Mais ce « coup de foudre » est suivi d'un douloureux moment de lucidité dépressive : « Tu n'es autre que moi-même, je l'ai compris ; je ne suis plus dupe de ma propre image. » Ainsi, épuisé par l'amour, « il dépérit ».

Narcisse est celui qui, sidéré par cet amour-passion de soi, prend racine et meurt du chagrin d'amour pour lui-même. Il se fane de sa propre floraison spéculaire...

Description inégalée de la scène originaire de l'« amour-propre », apte à en mesurer la puissance inlassable sur l'agir et le sentir humains.

Le narcissisme primaire

Le narcissisme ne désigne donc pas en psychanalyse un amour frivole et coupable de soi, ni une simple perversion – comme dans l'usage sexologique préfreudien – mais une condition même de l'amour, sa condition pulsionnelle originelle, en même temps que son impasse potentielle : il faut que je m'aime moi-même pour aimer l'autre – puisque j'ai commencé par m'aimer –, mais je ne peux atteindre l'autre-objet qu'à m'arracher à la capture de cette passion première.

Ce *narcissisme primaire* s'infléchit sous l'effet de la déception de la réalité, des exigences de l'objet, mais se maintient comme *narcissisme secondaire*.

S'il se trouve donc que je ne m'aime pas, que je (ne) m'aime « pas assez » ou « mal », ce n'est pas que j'aie quelque problème d'identité, comme le serinent les discours sociaux pseudo-psychologiques – le terme est purement descriptif et leurrant –, c'est que quelque chose de ce narcissisme est entamé ou altéré.

Il y va d'un trouble spéculaire. Nul mieux que le moraliste n'a mis au jour la puissance et les manigances de l'*amour de soi* – de cette « hypocrisie » qu'a détaillée, avec un réel sens clinique, La Rochefoucauld en ses *Maximes*. L'amour de soi est en effet toujours présent, voilé, dans l'amour de l'objet. Mais là où le moraliste en fait un masque, la psychanalyse en interroge les fonctions. La perversion – au sens freudien – montre aussi bien l'impasse d'une quête de soi identifiée à son image, comme l'illustre la saga narcissique du *Portrait de Dorian Gray* que nous avons décrite ailleurs [1].

Le narcissisme flambe même dans les formes d'amour-passion : le « couple inconscient » que nous avons décrit comme en miroir constitue ainsi une sorte de Narcisse à deux, en une « communauté inavouable » [2].

1. P.-L. Assoun, *Le Pervers et la Femme*, éd. Economica, 1989 ; 2e éd. 1995.

2. P.-L. Assoun. *Le Couple inconscient. Amour freudien et passion post-courtoise*, éd. Anthropos/Economica, 1992.

L'idéal du moi ou l'amour infantile de soi

Pour comprendre les tribulations de l'amour de soi, en son historicité inconsciente, il faut s'aviser que le narcissisme – infantile – perdure chez l'« adulte » par l'« idéal du moi » *(Idealich)* ou le « moi idéal » *(Ichideal)*, tandis que le rapport aux objets primaires s'institue par un « surmoi » qui mesure sans cesse la *côte d'amour* dont le sujet jouit à ses propres yeux. C'est à ce niveau, bien plus qu'à celui des déclarations explicites et même du vécu conscient du sujet, que l'on peut déterminer le degré d'amour de soi. Un passage décisif de l'essai sur le narcissisme permet de situer l'amour de soi *(Selbstliebe)* en sa vraie signification, métapsychologique : « À cet idéal du moi (de l'adulte) correspond l'amour de soi *(die Selbstliebe)* dont le moi réel *(das wirkliche Ich)* jouissait dans l'enfance[1]. »

Il faut donc comprendre que le *moi réel* aimé dans l'enfance – du temps des noces amoureuses du moi – se transforme en moi idéal, dont l'instance corrélative est l'idéal du moi. Autrement dit, « le narcissisme apparaît comme déplacé sur ce nouveau moi qui se trouve, comme dans [le moi] infantile, en possession de toutes les perfections précieuses ». En d'autres termes : « Ce que l'être humain projette devant lui comme son idéal est le succédané *(Ersatz)*

1. S. Freud, *Pour introduire le narcissisme*, sect. 111.

du narcissisme perdu de son enfance, dans laquelle il était son propre idéal. »

On notera le côté « futurisé » parce que projectif du narcissisme : c'est le moyen de mettre en acte, comme si c'était intensément présent et ouvert sur l'avenir, sa propre origine.

On a là la clé des tribulations du rapport à soi. L'amour de soi, on le comprend, n'est plus un paradoxe, si l'on s'avise que c'est *depuis cet autre soi, idéal, que le sujet se rapporte à lui-même*. Le problème n'est pas tant de s'aimer que de continuer à *se faire aimer par son idéal du moi*. Au fond, le sujet en état d'énamoration concerne l'amour porté au « moi véritable », à l'origine. Narcissisme mythique, amour parfait de soi, pourvu de toutes les grâces, définitivement perdu, mais dont le rayonnement ne cesse d'agir dans sa « posthistoire ».

L'amour de soi et ses destins

Ainsi – pour montrer le renversement de perspective qu'implique le narcissisme au sens proprement psychanalytique –, quand un sujet dit et répète qu'il ne s'aime pas, on aurait tort de le croire simplement sur parole alors même qu'il convient de prendre en compte ce sentiment qu'il éprouve réellement. Il s'avère en effet que, quand le sujet dit se détester, il déplore l'écart avec l'amour infantile tout-puissant qu'il nourrissait pour lui-même.

Certes, ce qu'il ressent est une réelle dévalorisation de soi, ressentie de façon parfois cruelle – ce qui laisse pointer la mélancolisation que l'on examinera plus loin, mais, à l'examen *métapsychologique*[1], ce qui se révèle à l'arrière de cette plainte de « décote », c'est une *présomption narcissique* souvent considérable, fût-elle *endeuillée*. Le sujet dépressif maintient un idéal de *toute-puissance narcissique* par rapport auquel il se sent douloureusement décalé.

Ainsi, c'est parce que, sans paradoxe, il s'aime trop – entendons qu'il maintient une auto-idéalisation forcenée – qu'il en vient à se détester, voire à se haïr. Cela nous engage dans un examen des rapports du sujet à son « moi idéal » et/ou son « idéal du moi », qui ne peut se faire qu'en faisant un détour par l'autre voie, celle de l'altérité.

L'amour de soi et de ses autres

Là entre en scène la seconde considération pointée plus haut. Il apparaît que le moi s'est aimé *par autres interposés*, dans le cadre du lien parental, par une série d'*identifications*, ou, pour le dire avec la précision terminologique, en *introjectant* les *imagos*.

Cela a une conséquence majeure : dans l'amour de (mon) moi, il y a, incorporé, l'amour de « mes » autres.

1. Sur le sens de l'introduction au narcissisme, cf. P.-L. Assoun, *Psychanalyse*, premier cycle, 1997, p. 424 *sq*.

D'où l'illusion spéculaire : le sujet, loin d'être esseulé, est d'emblée tourné vers l'autre. Il a un nom, inscrit dans l'Autre – cf. la demande de consentement à l'Autre dans l'expérience du miroir même, celle que Lacan décrit au moment où l'enfant, entre six et dix-huit mois, salue sa propre image, en une assomption jubilatoire [1]. Il prend alors à témoin « ses autres » de cet événement, symbole de cette implication précoce de la référence à l'Autre dont il quête quelque geste d'assentiment, dans l'adhésion à sa propre image. L'enfant est attendu, nommé avant même de naître et de tenter de s'identifier à lui-même.

On voit en quoi on serait imprudent de se fier à l'évidence d'une psyché identitaire. D'emblée, la psyché est satellisée par l'autre – ce que l'histoire d'Éros et de Psyché illustre bien [2]. Le moi de l'enfant est pris dans une trame de dépendances ou d'aliénations structurelles : il est nourri par l'autre maternel qui le protège contre les besoins et satisfait ses pulsions ; mais il devient alors vulnérable à la perte d'amour. Puis se constitue le surmoi à travers l'épreuve œdipienne, qui le confronte à la castration, qui entame l'image.

Cette sensation de l'Autre, c'est l'angoisse [3]. Ce

1. « Le stade du miroir comme formateur de la fonction du je », in *Écrits*, éd. Le Seuil, 1966.

2. Apulée, *Métamorphoses.*

3. P.-L. Assoun, *Leçons psychanalytiques sur l'angoisse*, éd. Economica, 2002.

n'est pas seulement que le moi est dépendant de son réseau affectif relationnel : il est bien constitué par cette aliénation radicale.

À présent que notre scène métapsychologique est dressée, on peut s'adresser à une figure clinique susceptible de l'illustrer, dans la mesure où c'est le moment électif où se dramatise l'amour de soi.

De la perte de l'autre au deuil de soi : l'épreuve mélancolique

Il y a un envers de cet amour de soi, c'est le ravalement de l'image, qui apparaît dans la dépression, qui est une sorte de *deuil de soi.* Cela peut aller jusqu'à l'*autotorture (Selbstquälerei*[1]*).* Freud décrit l'« autotorture indéniablement jouissante *(genussreiche)* du mélancolique », comme procédant de l'identification à l'objet perdu. On notera que l'on retrouve là le double mouvement sensible dans la mésaventure de Narcisse : d'« élation » et de dépression.

Or que nous révèle cette crise ? C'est que le sujet est confronté à une vulnérabilité narcissique majeure.

Il y a un sentiment de « moindre valeur » *(Minderwertigkeit)* dans le moi. Le « complexe d'infériorité » qu'Adler considère comme déterminant est pour Freud à référer au moment dépressif du narcissisme[2].

1. S. Freud, *Deuil et mélancolie.*

2. Sur les enjeux de ce débat, cf. notre *Psychanalyse, op. cit.*, p. 254 *sq.*

Il se confirme qu'au fond du vécu dépressif le plus intense d'autodévaluation, on devine un fond de « toute-puissance » rayonnante, dont on voit là l'envers désastré.

Freud voit en effet dans la mélancolie un destin pathologique du deuil, identification à l'objet perdu, comme si le sujet décidait de « mourir » avec l'objet perdu. Dans l'« autoreproche » délirant, « on retrouve souvent l'identification à une autre personne ».

La douloureuse épreuve mélancolique illustre donc le destin conjugué de l'amour de soi et de l'identification à l'objet.

Le désir et sa clause spéculaire

Revenons à la question « réapprendre à s'aimer » pour s'aviser à la fois de ce qu'il en reste après cette déconstruction et de ce qui permet de lui donner son plein relief.

D'un côté, elle a dû être déconstruite, tant elle est investie par une connotation idéologique et une charge imaginaire ; de l'autre, elle a acquis un relief propre qui en confirme la résonance pour quiconque.

Le sujet insatisfait de soi ne se trouve pas à son goût : pas assez séduisant, beau, doué, intelligent, au plan professionnel ou sexuel.

Cette plainte peut révéler un fond narcissique. Ce que l'on pourrait légitimement prendre pour une carence d'amour de soi révèle en fait – envisagé depuis sa profondeur métapsychologique – un excès d'amour de soi, entendons une position de toute-puissance. Le sujet se sent d'autant plus cruellement « dévalorisé » qu'il déplore l'écart avec une idéalisation de soi, à la fois défunte et hyperactive. La clinique de la dévalorisation n'a de sens que si l'on entend la plainte qui maintient la nostalgie de ce narcissisme primaire.

Le sujet ne se trouve que « trop bon pour ce monde » et c'est dans la mesure où sa valeur incommensurable n'est pas reconnue qu'il se présente sur le mode de l'insatisfaction chronique et du « préjudice [1] ».

Il ne s'agit pas de procéder à un replâtrage, qui irait « réconforter » le sujet déprimé. Un certain idéal imaginaire social va dans ce sens, de faire peau neuve, de se relooker, etc., d'améliorer l'image de soi que l'on perçoit dans le regard de l'autre, comme on perçoit son propre reflet dans la pupille de l'autre.

La psychanalyse est allergique à toute forme de pédagogie sociale normative comme à ses effets de leurre. Elle requiert de traverser cette épreuve spéculaire au bout de laquelle le sujet a rendez-vous avec sa propre vérité (inconsciente). Cela pose la question de l'amour même : pas d'amour sans narcissisme, l'objet aimé héritant de l'amour dont le sujet s'est

1. P.-L. Assoun, *Le Préjudice et l'Idéal. Pour une clinique sociale du trauma*, éd. Anthropos/Economica, 1999.

aimé à l'origine. Sauf à basculer dans l'altérité : aimer l'autre pour lui-même, cette expression a-t-elle un sens ? C'est en fait retrouver ce qui, dans l'amour de soi, est appel à l'autre, sauf à expérimenter la coupure du désir (de l'autre) par rapport à la jouissance (narcissique).

Destins psychanalytiques de l'amour de soi

Que se passe-t-il dans une « psychanalyse », du point de vue qui nous intéresse ? En quoi affecte-t-elle l'amour de soi ?

Le sujet entre en analyse avec des plaintes, un malaise, des angoisses, des inhibitions, des symptômes. Peut-on dire que le sujet « névrosé » ne s'aime pas ? En un sens, certes, il est pris dans des mécanismes d'autodévaluation, aux prises avec un surmoi sadique humiliant un moi masochique.

Mais par ailleurs il s'aime trop, en ce sens qu'il a foncièrement du mal à aimer. Son sens de l'altérité est altéré. Il mène une vie de plaisir inconsciente, par autocentration sur la jouissance du symptôme, fût-elle douloureuse.

D'un côté, il y a donc *à faire chuter* quelque chose de cette *jouissance narcissique ;* d'autre part – et par le même mouvement –, il s'agit de se reconnaître comme *sujet du désir.* Ce que nous définissons ainsi, c'est, plutôt qu'une finalité de l'analyse, l'un de ses effets majeurs.

Le narcissisme n'est donc pas un péché pour la psychanalyse : c'est à la fois une clause d'identification – pas moyen de se rapporter à l'autre que de passer par l'amour de soi – et une « faute » quant à son être désirant.

C'est une façon de déchiffrer l'exigence éthique de la psychanalyse formulée par Lacan : « Ne pas céder sur son désir de l'autre au nom d'une jouissance autocentrée. » Il s'agit de faire sortir le sujet des *modes d'idéalisation morbides* dans lesquels il est, comme « moi », « capté ».

Libération, passage de l'imaginaire au symbolique, et de celui-ci à l'identification de l'objet – cause réelle du désir. Décomposition du miroir, reconnaissance de l'Autre, identification de l'objet par « désidentification ».

Au bout du compte, il n'y a d'amour de soi coupable, aux yeux de la psychanalyse, qu'en tant qu'il fait écran à l'exigence du désir. Alors même qu'il n'est pas possible sans un investissement libidinal de soi, le désir confronte à la loi et à l'autre. Apprendre à s'aimer : cette formule exprime et voile à la fois un impératif qui trouve dans le sujet inconscient même sa condition. Là où l'amour de soi était, le sujet du désir doit advenir...

BERNARD BESRET : La psychanalyse a-t-elle une interprétation du soi, au sens où l'entend la pensée hindoue, c'est-à-dire ce qui émerge du fond de l'être ?

PAUL-LAURENT ASSOUN : Nous, psychanalystes, partons toujours de ce qui se passe effectivement dans la constitution du sujet. L'idée du soi serait plus proche de la pensée jungienne ; elle n'est pas une valeur dans la pensée freudienne.

Le narcissisme commence au stade du miroir, entre six et dix-huit mois, lorsque l'enfant commence à marcher. Il aperçoit pour la première fois son image dans le miroir, et il jubile de reconnaître quelque chose qui est sa propre image. C'est l'esquisse du soi, qui est d'abord une image. Toutes les mères connaissent bien ce moment pathétique où le petit d'homme s'identifie à son image. C'est ce qu'on appelle la dimension spéculaire du soi.

Le soi est-il plus que cela ? Très souvent, à ce moment, l'enfant tourne son visage vers la personne qui l'accompagne, la plupart du temps sa propre mère. Il cherche quelque chose qui est de l'ordre d'une référence à l'autre. Ainsi, Jacques Lacan souligne que l'enfant a à la fois un rapport à son image – son « petit autre », point de départ de son soi – et un rapport à l'autre, qui doit m'y encourager. On retrouve la notion d'imaginaire – tout le rapport à soi – et le symbolique – le rapport à l'autre.

JEAN-PAUL GUETNY : Le « tu aimeras ton prochain comme toi-même » vous paraît-il résumer la condition de l'homme et ce côté dialectique entre amour de soi et amour de l'autre ?

P.-L. A. : Indépendamment de tout point de vue de croyant, je trouve extraordinaire l'incroyable puissance inconsciente des grands textes bibliques. Aimer mon prochain comme moi-même, c'est faire passer l'autre en moi, l'incorporer. Le texte religieux chrétien veut cet amour du prochain possible. Nous, psychanalystes, sommes sensibles à la difficulté de sa réalisation et portons attention plutôt à la vérité du rapport désirant à l'autre ainsi qu'à « l'amour d'objet », avec toute sa conflictualité et son ambivalence.

Le moi est-il haïssable ?

par Jean-Paul Guetny

« Peut-on apprendre à s'aimer soi-même ? » Devant un tel énoncé, faussement simple, il convient de bien peser les termes pour mieux saisir les enjeux. Je commencerai par le dernier mot : « soi-même ». Il suppose acquise la notion de *je*, d'*ego*, un concept clé de la civilisation occidentale. Il est le fruit d'une histoire longue et complexe où la Bible, la philosophie grecque, le droit romain ont leur part. Contrairement à d'autres, le Dieu des monothéismes issus d'Abraham dit « Je ».

La valorisation de l'ego connaît aujourd'hui un pic dans nos sociétés développées. Des idées comme celles de bonheur, d'épanouissement, d'accomplissement personnel, de réalisation de soi sont devenues familières. Certains parlent de « dérive narcissique » ou crient à l'« egolâtrie ». Mais il est piquant de voir un Gao Xingjian, prix Nobel de littérature 2000, faire l'éloge de la culture occidentale, parce que l'homme (y) est toujours au milieu. C'est très différent, précise-t-il, dans la culture chinoise où « l'homme est assez négligé au bénéfice de la nature, du pouvoir, politique surtout[1] ».

Pour moi qui suis né en milieu occidental et, de plus, chrétien, la notion d'ego est évidemment parlante. Mais, si j'étais né bouddhiste, je l'estimerais illusoire. Pour certaines écoles, ce que nous appelons le moi est le fruit de la conjonction de plusieurs « agrégats ». Il est « conditionné » ; autrement dit, il n'a pas d'existence en dehors d'eux. Dans une telle perspective, *s'aimer soi-même* serait s'abandonner à l'ignorance. Par ailleurs, le bouddhisme prône le *non-attachement.* L'attachement entretient en effet le désir qui est lui-même à l'origine de la souffrance.

Notre problématique est donc culturellement située : elle n'a de sens qu'à l'intérieur de notre aire de civilisation. Je relèverai toutefois un paradoxe qui ne cesse de m'étonner : des Occidentaux recherchent aujourd'hui du côté du bouddhisme des moyens pour épanouir leur ego, alors que cette pratique spirituelle invite à s'en défaire.

La deuxième expression, toujours en commençant par la fin, c'est : « s'aimer ». Elle semble confirmer une vérité d'évidence : si on n'a pas d'estime de soi, si on ne se reconnaît pas une certaine valeur, la vie devient problématique. Il y a un « narcissisme normal », signe de santé psychique, nécessaire à notre « autoconservation[2] ». Cela admis, certains psys

1. *Actualité des religions*, n° 33, décembre 2001.

2. Jean-Pierre Maïdani-Gerard, *Les Miroirs du fanatisme. Intégrisme, narcissisme et altérité*, éd. Labor et Fides, Genève, 1996.

vont plus loin : ils soulignent le rôle des « illusions positives », de la « surévaluation de soi ». Il semblerait que « les individus parfaitement réalistes (soient) légèrement déprimés [1] ». En somme, trop de lucidité nuirait.

« S'aimer soi-même » : la formule ne peut que parler à un lecteur de la Bible. S'il est chrétien, il se référera par exemple au chapitre 12 de l'Évangile de Marc (ou à ses parallèles dans les Synoptiques). Un scribe, un spécialiste de la Loi, interroge Jésus sur « le plus grand commandement ». Ce dernier en énonce deux, auxquels il accorde une valeur identique : « Tu aimeras le Seigneur ton Dieu de tout ton cœur... » (v. 30) et : « Tu aimeras ton prochain comme toi-même » (v. 31). Il existe plusieurs termes en grec pour exprimer l'amour. En l'occurrence, c'est le verbe *agapein* qui est utilisé. Il désigne l'amour de tendresse, oblatif, par opposition à l'amour passionnel, possessif.

Si l'amour de Dieu et celui du prochain sont l'objet de préceptes, Jésus ne dit pas : « Aime-toi toi-même. » Comme si, pour lui, l'amour de soi relevait de l'évidence. S'aimer soi-même revient à aimer la vie. Dans une perspective biblique, c'est dire oui, *amen*, au don de Dieu, lui-même défini comme « le Vivant ». L'amour de soi est, en quelque sorte, un hommage rendu au Créateur.

Mais comment, s'il en va ainsi, comprendre la

1. Isabelle Taubes y fait écho dans *Psychologies magazine*, n° 199, 2001.

fameuse phrase de Pascal : « Le moi est haïssable » ? Ou l'antithèse formulée par saint Augustin au livre XIV de *La Cité de Dieu* : « Deux amours ont bâti deux cités : l'amour de soi jusqu'au mépris de Dieu, la cité terrestre ; l'amour de Dieu jusqu'au mépris de soi, la cité céleste » ? Ces affirmations ne tomberaient-elles pas sous le coup de la critique de Nietzsche ? L'enseignement de Jésus, écrivait ce philosophe, constitue un « gai message ». Mais l'Église a promu un « idéal ascétique » qui est « une forme de suicide », une « mise à mort de soi-même[1] ».

De fait, l'expression d'Augustin, très rhétorique, est équivoque. Deux autres ont connu un destin favorable au cours de l'histoire chrétienne. « Renoncement à soi-même » d'abord, pour désigner un art du décentrement, de la mise à distance de l'ego. « Don de soi », ensuite à l'image du Christ qui « de condition divine [...] s'est dépouillé, prenant la condition de serviteur [...] s'est abaissé, devenant obéissant jusqu'à la mort » (Épître de saint Paul aux Philippiens, chap. 2, v. 6-8). Ces deux manières de présenter les choses s'appuient sur un postulat commun : pour se trouver, il faut se quitter ou se perdre. C'est dans la dépossession et l'« extase », la sortie de soi, que se trouve l'accomplissement En ce sens-là, « s'aimer » et « se haïr », pour parler comme Pascal, est moins antinomique qu'il n'y paraît à première vue.

Nietzsche a mis le doigt sur quelque chose de

1. Voir *Le Gai Savoir.*

juste : à son époque en particulier, l'amour de la vie ne passait pas pour un trait évidemment chrétien. Les temps ont changé pour une large part. De nos jours, de nombreux disciples du prophète de Nazareth sont tout aussi assoiffés d'épanouissement que le commun des mortels. Ils entendent bien, eux aussi, « sculpter leur propre statue », selon la formule du philosophe grec Plotin. Récemment, un magazine s'interrogeait en couverture : « Croire aide-t-il à vivre [1] ? » Évolution typique ! Elle n'est d'ailleurs pas sans ambiguïté : est-il légitime de parler de la foi en terme uniquement de bénéfice personnel ?

Nous avons vu que « s'aimer soi-même », c'est je dirais la moindre des choses. Mais « peut-on apprendre à s'aimer soi-même », selon la formulation de notre titre ? Autrement dit, l'amour de soi relève-t-il de l'instinct, de l'instinct de survie ? Ou bien fait-il l'objet d'un apprentissage ? Aujourd'hui, quand on parle de l'amour en général, c'est pour évoquer sa fulgurance. Tout à coup, quelque chose se produit, indépendamment de la volonté du sujet – le mot « passion » exprime bien ce dont il s'agit – et bouleverse sa vie. Mais les personnes engagées dans un amour savent bien aussi combien celui-ci progresse à petits pas, est le fruit d'une construction de tous les jours.

Le « souci de soi », comme disait Michel Foucault [2], ne va pas sans une « culture de l'âme »

---

1. *Psychologies magazine*, n° 203, décembre 2001.

2. C'est le titre du troisième tome de son *Histoire de la sexualité*, éd. Gallimard, 1984.

(cultura animi), expression que j'emprunte au vieux Cicéron. L'idéal de la philosophie antique, c'était : « Connais-toi toi-même et tu connaîtras le monde. » Il faut entendre le « connaître » au sens de « naître à soi-même », comme l'entendait Claudel. Et, pour naître à soi-même, les philosophes grecs, véritables « directeurs spirituels [1] », ont préconisé des « exercices » de toute sorte. Le christianisme qui ne revendiquait pas le statut de religion, mais de philosophie, les a repris à son compte [2].

Après un temps d'éclipse, ces « exercices » reviennent au goût du jour. La mouvance du « développement personnel », apparue aux États-Unis dans les années soixante, a par exemple généré toute une panoplie de méthodes dont certaines visent à épanouir l'ego. Il s'agira par exemple, explique le philosophe Michel Lacroix, d'« augmenter le pouvoir de la pensée sur elle-même » ; de développer chez l'individu des « aspects inexploités dans l'existence courante » ; ou encore de « gérer de façon efficace les relations interpersonnelles [3] ». Quelle que soit sa part de légitimité, ce type de démarche soulève de profondes questions et entraîne des risques. Risque, dit Lacroix, de « repli sur l'intériorité », au détriment de la dimension altruiste et politique ; risque de « pro-

1. Pierre Hadot l'a bien montré.

2. *La Philosophie comme manière de vivre*, entretiens avec Jeanine Carlier et Arnold T. Davidson, éd. Albin Michel, 2001.

3. *Le Développement personnel*, éd. Flammarion, 2000.

méthéisme psychique », le sujet étant censé pouvoir parvenir à une totale maîtrise de lui-même et de l'environnement ; risque de perte de la dimension tragique de l'existence.

Il faut retenir, je crois, la métaphore de Plotin : « Sculpter sa propre statue », qui est une manière de « s'aimer soi-même ». Mais se sculpter, c'est s'évider, s'enlever de la matière, opérer un travail d'allégement sans lequel il n'y a pas de vraie mise en disponibilité.

Débat

Y a-t-il concurrence entre l'amour pour le prochain, l'amour pour soi-même et l'amour pour Dieu ?

PAUL-LAURENT ASSOUN : Comment le rapport à l'autre surgit-il ? L'enfant est déjà pris dans le sentiment très fort de l'altérité. Freud disait que l'image de Dieu est l'image du père transfigurée. Il faut s'interroger aussi dans l'autre sens : n'y a-t-il pas une métaphore du père qui est constamment présente dans le discours religieux ?

Il est impossible pour le désir humain de rester toujours avec l'amour de soi, puisque d'emblée il y a un désir qui porte vers l'autre. Tout le complexe d'Œdipe est une dimension essentielle du désir humain.

De ce point de vue-là, l'amour de soi est pris dans l'amour de l'autre. Or l'amour du prochain est un moment fort où l'autre est constitué comme étant aimé pour lui-même. Il constitue du coup un but introduit entre l'amour de soi et l'amour de Dieu. Est-ce l'amour pour Dieu qui soutient l'amour pour le prochain, ou y a-t-il une autonomie de l'amour du prochain ? La psychanalyse ne peut pas donner un label de garantie spirituelle, ce n'est pas son but, mais elle peut témoigner qu'une dimension du rapport à l'autre est une aspiration dans l'inconscient.

Que diriez-vous à quelqu'un qui se déteste lui-même ?

JEAN-PAUL GUETNY : Je lui dirais qu'il s'accorde encore trop d'importance, à lui et à ses propres malheurs. Jésus dit qu'il ne faut pas s'inquiéter du lendemain, ni s'encombrer l'esprit par trop de désirs, ni par trop de remords...

Paul-Laurent Assoun a parlé tout à l'heure de la plainte du patient en psychanalyse. Là aussi j'entends cette plainte. Mais dévider la plainte et y revenir sans cesse est-il libérateur ? Ne faut-il pas plutôt la laisser sur le bord du chemin ? Le psychanalyste François Roustan, auteur de *La Fin de la plainte*, pense qu'il ne faut pas accorder autant d'importance que cela à la plainte et s'occuper de vivre.

À une période de ma vie, j'ai été tenté par l'analyse, mais je me suis rendu compte qu'alors, centré sur l'analyse, je ne vivais plus.

P.-L. A. : Il ne s'agit pas d'aller chez l'analyste dès lors qu'on « sait y faire » avec les questions que l'on se pose. Le sujet vient en analyse quand justement il ne peut plus « y faire », quand l'angoisse est trop forte et qu'il s'y sent aliéné.

En aucun cas le psychanalyste ne peut être complice d'une plainte, il n'est pas compatissant et n'en rajoute pas sur le préjudice, ce qui renforcerait la victimisation. En revanche, il écoute la douleur et y confronte le sujet parlant. Si on peut sublimer la douleur, tant mieux ! Mais, pour nous, le symptôme n'est pas seulement négatif. Une angoisse n'est pas agréable, mais elle permet de se confronter à quelque chose de sa vérité (refoulée). Parfois, le retour à l'amour de soi passe par l'angoisse, épreuve de vérité.

Qu'est-ce que l'amour-propre, et comment le différencier de l'amour de soi-même ?

J.-P. G. : Dans le langage courant, le mot « amour-propre » est ambigu. « En faire une histoire d'amour-propre » peut vouloir dire qu'on ne veut pas capituler, et affirmer sa personnalité d'une manière un peu entêtée. Il peut y avoir un sens plus positif, lorsque j'estimerais déchoir envers moi-même si je capitulais sur tel ou tel point.

Ainsi, il y a peut-être un amour-propre qui viendrait d'une hypertrophie de l'ego, et il y a aussi un amour-propre qui viendrait d'une saine fidélité par rapport à ses convictions. Chez Robert Musil, un personnage en appelle un autre « mon amour propre », c'est très joli et très profond.

Dans les confessions religieuses, y a-t-il des différences dans la manière de concevoir l'amour de soi ?

ALAIN HOUZIAUX : Chez les protestants, on est très peu porté sur l'amour de soi. Il n'y a pas de moine ni d'ascèse, pas de détestation de soi non plus, mais l'intérêt pour soi-même apparaît comme déplacé et de mauvais goût. Pour Luther, le péché, c'est le fait d'être recourbé sur soi-même. Ainsi l'amour pour soi peut apparaître comme une forme de « péché ».

Il y a cependant chez les protestants une forme de piétisme, proche de la mystique. L'ensemble de la personne est alors comme aspirée par le haut ; le soi suit le mouvement de la prière vers le haut.

P.-L. A. : Ce qui caractérise le judaïsme, c'est le fait qu'il y a un commandement divin inconditionnel *(mitsvatfi)*, antérieur à toute position du sujet. Dans le christianisme il y a tout de même l'idée que le sujet attend de Dieu son salut ; dans le judaïsme, il faut d'abord obéir à la Loi. Il y a donc une altérité absolue.

Il n'y a donc pas d'abstinence ni de tradition monastique quoiqu'une problématique du renoncement au nom de la Loi existe. D'un autre côté, l'amour de soi est légitime pour l'homme en tant que vivant. Se considérer comme une créature de Dieu, jouir des nourritures terrestres, c'est légitimement refléter ce qui est sa participation à Dieu *via* la Loi. D'un autre côté, le commandement divin dans ce qu'il a d'inconditionnel passe avant toute considération personnelle.

J.-P. G. : Dans cette culture contemporaine de l'amour de soi, le protestant est mal à l'aise parce que la tradition protestante insiste sur la gratuité, alors que le catholicisme accorde aux œuvres et à la nature plus d'importance. Là où c'est complexe, c'est que le protestantisme, en libérant la conscience croyante de l'obsession du salut, donne une sorte d'acquiescement aux réalités terrestres et aux biens de la vie, alors que le catholicisme va au contraire insister sur la pénitence et l'ascèse de façon exagérée.

Quant à l'islam, l'idée de soumission à Dieu en toutes choses fait qu'une préoccupation excessive du sujet par rapport à lui-même ne serait pas jugée en conformité avec la foi.

A. H. : Concernant les protestants, j'opposerais à l'idée d'ascèse celle d'austérité, ce qui est différent. Si l'ascèse suppose un travail sur soi, l'austérité est de l'ordre de l'indifférence à soi. Il y a un non-souci, on fait les choses gratuitement.

Il y a aussi une différence fondamentale de sensibilité autour de l'intérêt porté à la nature humaine. Le catholicisme pense que la nature est bonne. Ainsi, pour saint Thomas d'Aquin, notre nature – notre psychologie, pourrait-on dire – est naturellement bonne, tournée vers Dieu. Pour le protestantisme, au contraire, la nature humaine est tournée vers l'égoïsme, le péché... Cela explique que le protestant, lorsqu'on lui parle de lui, met tout cela au fond de sa poche et le mouchoir par-dessus, et on n'en parle pas ! C'est le style : « Tiens-toi droit, marche droit, et ne fais pas état de tes états d'âme. »

BERNARD BESRET : Il m'est difficile de me positionner car, si je ne me reconnais plus comme chrétien au sens strict, je ne suis pas devenu pour autant ni musulman ni bouddhiste. Si j'étais plus proche d'une philosophie religieuse, ce serait sans doute du taoïsme. Mais il y aurait un orgueil insensé à dire : « Je suis taoïste » ! Le *Tao Te King* dit en effet que le tao dont on est capable de parler n'est pas le véritable tao. Personne n'est donc véritablement taoïste !

Je voudrais ébaucher une position d'équilibre entre deux faits.

1°) Nous sommes des êtres historiques, incarnés dans l'espace et le temps ; je ne considère pas cela comme une pure illusion. Nos identités changent et notre vie s'enrichit de toutes nos expériences.

2°) Je crois aussi qu'il y a une dimension métahistorique à nos vies, c'est-à-dire sous-jacente à l'espace et au temps. Le fond du fond du réel, que les hindouistes appellent le Soi, c'est peut-être un vide que j'imagine plein de conscience, de toutes les potentialités de ce qui existe.

Une vie heureuse – le bonheur étant donné là par surcroît –, c'est alors une vie qui sait équilibrer, par petits déséquilibres successifs, le fait d'être ouvert aux autres, présent à la société et à l'histoire des hommes, mais toujours attentif à cette dimension non temporelle et non spatiale de ce que nous vivons. L'homme vraiment accompli conjugue et sa dimension historique et sa dimension métahistorique.

CONCLUSION

Petit traité de savoir-vivre

par Alain Houziaux

Nous voudrions proposer, en conclusion de cet ouvrage, une sorte de « petit traité du savoir-vivre » qui fasse suite aux précédentes interventions de ce recueil. Mais, le *savoir-vivre* dont il est ici question n'a rien à voir avec les convenances et les politesses. D'ailleurs, le savoir-vivre, à l'origine, c'est l'art de bien diriger sa vie. C'est l'art d'*apprendre à être heureux*, pour reprendre le titre de cet ouvrage.

Ce que je voudrais développer, c'est que, pour bien vivre sa vie, « ces trois choses demeurent » : la confiance, l'insouciance et le sens de la gratuité.

On reconnaît bien sûr, dans cet énoncé, une forme de plagiat de la formule de saint Paul (I Corinthiens, 13,14) : « Ces trois choses demeurent : la foi, l'espérance et l'amour (la charité). » Et saint Paul ajoute : « La plus grande des trois, c'est l'amour. »

La foi, l'espérance et l'amour, ce sont ce que l'on appelle les trois vertus théologales [1]. Et la confiance,

1. Théologal : qui a Dieu pour objet.

l'insouciance et le sens de la gratuité, ce seraient, pour moi, les trois vertus « anthropologales ». Ce sont des vertus laïques et profanes. Et ce sont trois attitudes, trois vertus, qui nous apprennent à être heureux. Et ces vertus laïques et profanes sont en fait une sorte d'analogue, dans le registre de la psychologie et peut-être de l'éthique, des trois vertus théologales de saint Paul.

Ainsi, pour apprendre à être heureux, il faut d'abord se sentir en confiance, ensuite être insouciant et un peu désinvolte, et enfin avoir le sens de la gratuité, du « pour rien ».

Être en confiance

Donc, la première des trois attitudes qui prédisposent au bonheur, c'est la confiance, ou plutôt le fait d'être en confiance.

Être en confiance, c'est être en sécurité, c'est se savoir en sécurité. Et je considère que ce sentiment d'être en confiance est l'analogue profane de la première des trois vertus théologales : la foi en Dieu.

D'ailleurs, le philosophe Wittgenstein définissait la foi en Dieu comme le sentiment d'être en confiance.

On peut s'étonner de cette définition de la foi.

Mais la foi, contrairement à ce que l'on pense, ce n'est pas croire que Dieu existe. Et ce n'est pas non plus le fait d'avoir confiance en Dieu. C'est d'abord le fait de se sentir en confiance, parce que « tout est entre les mains de Dieu ».

Dieu n'est pas tant celui à qui on fait confiance. Il est plutôt celui qui vous donne confiance. Il est celui grâce à qui on est en confiance.

Lorsque Jésus incite ses disciples à avoir la foi, c'est dans le sens d'être en confiance, et non pas dans le sens de croire que Dieu existe. C'est en particulier tout à fait clair dans le récit de la tempête apaisée (cf. Matthieu, 8, 23-27) et dans celui où il appelle Pierre à marcher sur les eaux (Matthieu, 14, 24-36). Il appelle ses disciples à être en confiance et à ne pas avoir peur. Il les appelle à se sentir en sécurité. Et c'est cela qu'il appelle la foi.

Pour ceux qui ont la foi, c'est-à-dire pour ceux qui ont le sentiment d'être en confiance, le monde est conçu comme une sorte de berceau [1]. Dans son berceau, l'enfant se sent en sécurité. Il peut s'agiter, il peut rêver et même avoir des cauchemars. Il se sent néanmoins en sécurité et en confiance.

Ainsi, la foi, c'est un sentiment de sécurité et de confiance que nous éprouvons parce que nous savons que « tout est entre les mains de Dieu ». Toute notre vie se déroule dans une sorte de berceau qui est celui des mains de Dieu. C'est cela qui nous donne cette sécurité, cette assurance, cette confiance, cette foi.

---

1. Wittengstein dit précisément que la foi, c'est le fait de savoir que le monde a été créé par Dieu.

Et ce sentiment d'être en confiance me paraît fondamental et fondateur dans l'existence. Et c'est pourquoi je le considère comme la première forme du bonheur.

D'ailleurs, avoir la foi, au sens banal de cette expression, cela veut dire que l'on est en confiance, mais sans forcément savoir en qui ou en quoi on a confiance, ni pourquoi on est en confiance. On a confiance, voilà tout. On a la confiance chevillée au corps. On est rassuré. On est tranquille, on n'est pas anxieux. La foi (c'est-à-dire le sentiment d'avoir confiance et d'être en confiance) ne s'oppose ni à l'incrédulité ni à la méfiance mais bien plutôt à la peur.

Celui qui croit en Dieu justifiera ce sentiment de confiance en disant par exemple : « J'ai confiance car tout est entre les mains de Dieu. » Mais celui qui ne croit pas en Dieu dira seulement : « Je me sens en confiance ; en moi-même, je me sens ferme, je me sens sûr. »

Et c'est ici qu'il faut introduire une distinction. On peut se sentir en confiance pour deux raisons différentes. On peut se sentir en confiance parce que l'on est *en sécurité*. Et on peut se sentir en confiance parce que l'on est *en sûreté*.

Quelle est la différence entre la sécurité et la sûreté ?

Le sentiment de sécurité nous vient par un facteur extérieur à soi. Ainsi par exemple, on se sent en sécurité parce que l'on possède des vêtements, une maison, de l'argent, etc.

En revanche, lorsque l'on est en sûreté, cela tient à soi-même. Ce sentiment est intérieur. Il est dû à une force interne, chevillée au corps.

Le sentiment de sécurité est de l'ordre de l'*avoir*. Le sentiment de sûreté, lui, est de l'ordre de l'*être*.

Ce sentiment de sûreté, ce n'est pas le fait d'être sûr de soi, et ce n'est pas non plus le sentiment d'être sûr de quelque chose. C'est le fait d'être ferme à l'intérieur de soi. C'est le fait d'avoir un bon équilibre en soi et même une forme d'invulnérabilité. Et c'est ce sentiment qui nous permet d'être heureux, quoi qu'il arrive.

Mais une question se pose : ce sentiment peut-il s'apprendre ? Peut-on le favoriser et le susciter chez ses enfants, par exemple ?

Ce sentiment, c'est sûr, il est dû, pour une part importante, à ce que l'on a reçu dès son berceau, de la part de ses parents.

Un enfant peut se sentir rassuré par la présence de ses parents. Il se sent en confiance. Et, si ses parents sont sécurisants, il sentira grandir en lui une forme de confiance naturelle et « chevillée au corps ». Et cette confiance l'accompagnera toute sa vie, et ce même si ses parents, son père en particulier, ne sont plus là. Même si le père s'absente, même s'il meurt, l'enfant devenu adulte garde néanmoins en lui ce sentiment d'être « en sécurité ».

Les parents ont pour fonction de donner à leurs enfants la *sécurité*. Mais ils ont encore plus pour rôle de leur donner la *sûreté*. Et cela se fait non pas en multipliant les interdits et les précautions mais en favorisant chez les enfants, dès le plus jeune âge, l'indépendance et l'initiative individuelle. Cela se fait en faisant confiance et en promettant à l'enfant : « J'en suis sûr, je te le promets, tu t'en sortiras tout seul. »

Mais ce sentiment, il peut être aussi affermi, développé et conforté à l'âge adulte.

Il est conforté par le fait d'avoir confiance dans les autres, dans la vie et, pourquoi pas, en Dieu. On est en confiance, c'est-à-dire en sûreté lorsque l'on fait confiance. C'est le fait de vivre avec des personnes dignes de confiance qui vous apprend petit à petit à faire confiance aux autres, et, ainsi, à être en confiance en soi-même.

Et le fait d'être en confiance est conforté aussi par le fait que les autres vous font confiance. On se sent *en confiance*, c'est-à-dire en sûreté, si l'on sent que les autres vous font confiance.

J'ai été témoin d'une expérience pédagogique qui le montre clairement.

Dans une école, on divise une classe d'élèves en trois groupes de niveau scolaire équivalent. Et pendant vingt jours, on donne à ces élèves les mêmes devoirs. À la fin de chaque journée, un professeur ramasse les devoirs et les parcourt rapidement en présence des élèves. Mais, pour chacun des trois groupes d'élèves, il adopte une attitude différente. Il fait systématiquement des reproches aux élèves du premier groupe. Il fait systématiquement des compliments aux élèves du deuxième groupe. Et il ramasse sans commentaire les copies des élèves du troisième groupe.

Et on constate que le niveau des devoirs des élèves du deuxième groupe (ceux des élèves que l'on encourage) s'améliore régulièrement. Au contraire, le niveau des devoirs des élèves du premier groupe (ceux que l'on réprimande), après quelques progrès les deuxième et troisième jours, décroît rapidement ensuite. Et le niveau des devoirs des élèves du troisième groupe (ceux vis-à-vis desquels on est indifférent) décline lentement.

L'insouciance

Ensuite, pour être heureux, il importe, me semble-t-il, de prendre la vie avec *insouciance*.

Et je rattache cette « insouciance » à la deuxième vertu théologale, à savoir l'espérance.

Pourquoi est-ce que je rapproche l'insouciance de l'espérance ? Cela peut surprendre et même un peu scandaliser. Car l'insouciance, apparemment, ce n'est pas une vertu.

Mais d'abord, qu'est-ce que *l'espérance*, au sens de la Bible et de saint Paul ?

On confond souvent l'espérance et l'espoir. Et pourtant ce n'est pas du tout la même chose.

L'espoir, c'est l'espoir de quelque chose que l'on désire. Et ce désir porte sur quelque chose de précis. Ainsi, par exemple, je peux dire : « J'espère pouvoir gagner aux courses. »

En revanche l'espérance, elle, ne porte pas sur quelque chose de précis. Elle n'est pas liée au désir de quelque chose de précis ou de particulier.

L'espérance, c'est une attitude d'esprit positive et confiante vis-à-vis de l'avenir, et ce quel qu'il soit. C'est une forme d'ouverture à demain. L'espérance, c'est une forme de disponibilité à ce qui vient.

Cette disponibilité, c'est par exemple l'attitude de Marie lorsqu'on lui annonce qu'elle sera enceinte alors qu'elle ne s'y attendait pas. La disponibilité, c'est la capacité d'accueil à ce qui advient même si on ne l'a ni voulu ni désiré.

Donnons un autre exemple pour dire ce qu'est l'espérance. Jadis un vieux pasteur que j'avais été voir à un moment où je m'inquiétais de mon avenir m'avait dit, à la fin de notre entretien : « Tu sais, quoi qu'il arrive, il faut bien qu'un bouchon flotte. » Ces mots me sont toujours restés, et ils caractérisent pour moi l'espérance en tant que disponibilité et même insouciance vis-à-vis de l'avenir et aussi du présent. Peu importe les courants, les contre-courants, les sauts et les soubresauts, le bouchon continuera à flotter. Savoir que « de toute manière, il faut bien qu'un bouchon flotte », c'est donc une forme d'optimisme, mais aussi d'insouciance. C'est une parole de confiance, mais aussi de consentement et même de désinvolture.

L'espérance, au sens de l'apôtre Paul, c'est l'espérance que Dieu est le maître de notre destin et que « toutes choses concourent au bien de ceux qui aiment Dieu » (Romains, 8, 28). On ne sait pas ce que l'avenir vous réserve, mais on ne s'en inquiète pas, on n'a pas peur. Ainsi l'espérance, c'est une forme de dé-préoccupation des itinéraires que nous aurons à suivre, parce que, espère-t-on, tous les chemins mènent au Christ et au Royaume. Tout converge vers « le Royaume de Dieu ». Quoi qu'il advienne, le dessein bienveillant de Dieu s'accomplira, et, tôt ou tard, tout ce qui est dans les cieux et sur la terre sera réuni sous un seul chef, le Christ (Éphésiens, 1, 9-10). Tout converge vers le Christ parce qu'il aspire à lui toutes choses.

« Dieu écrit droit avec des lignes courbes » et même avec des lignes torves.

Et c'est pourquoi nous pouvons être disponibles à tout ce qui arrive. À Dieu seul j'abandonne ma vie et ma personne. Je consens à mon avenir, quel qu'il soit.

Ainsi, on voit bien la différence entre l'espoir et l'espérance. L'espoir a toujours peur, car il a peur que ce qu'il désire ne se réalise pas. En revanche l'espérance, c'est le contraire de la peur. Quand on a en soi de l'espérance, on se dit : « Normalement, il faudrait bien que j'aie peur, et pourtant, malgré tout, et je ne sais pas trop pourquoi, je n'ai pas peur. On verra bien ce qui arrivera. »

L'espérance, c'est être porté. On est porté par l'espérance, comme on dit : Un de nos vieux cantiques le chante : « Porté par une nacelle, je vais où le vent le veut, je vais en silence au-dessus des flots tumultueux. Je vais où Tu veux que j'aille, Ô mon Dieu. »

Ainsi l'espérance est très proche de la disponibilité, et même du détachement, de l'*insouciance* et de l'*indifférence*. Et c'est pourquoi ce sont là les vertus profanes que je préconise pour apprendre à être heureux.

Le mot « indifférence » peut bien sûr surprendre et même scandaliser, peut-être encore plus que celui d'« insouciance ».

Mais, remarquez-le bien, je ne parle pas d'indifférence vis-à-vis des autres. Je parle seulement d'une sorte d'indifférence vis-à-vis de soi-même et vis-à-vis du chemin dans lequel on est entraîné.

L'indifférence vis-à-vis de nous-mêmes, cela nous détache de la susceptibilité, de l'orgueil et du souci de nous-mêmes. Cela permet l'humilité. Et cette indifférence vis-à-vis de nous-mêmes nous conduit aussi à une forme de sérénité et à une acceptation de notre inutilité. Et notons aussi qu'une certaine dose d'indifférence nous permet aussi d'oublier les reproches que l'on a pu nous faire et les blessures que l'on a pu nous infliger. Ainsi elle rend possible un renouveau des sentiments positifs vis-à-vis d'autrui.

Mais, soit ! Si le terme d'indifférence sonne désagréablement, je veux bien reprendre celui d'insouciance. Et là, j'ai la Bible de mon côté ! « Ne vous souciez pas de ce que sera votre vie », dit Matthieu

(6, 24-27). « Ne vous souciez pas des pluies, des torrents et des tornades qui ébranlent votre maison », dit Matthieu (7, 24-27). En effet, si votre maison est fondée sur le roc (Matthieu, 7, 24), si vous avez trouvé la perle d'un grand prix (Matthieu, 13, 45-46), vous n'attacherez pas d'importance à tout le reste.

Mais, me direz-vous, si l'on n'a pas trouvé ce roc dont parle l'Évangile, peut-on cependant connaître cette insouciance ? Je répondrai : certes oui !

Car l'insouciance, c'est une forme de liberté. Et on n'a pas besoin d'être croyant pour se sentir libre.

Je prends ici le mot « liberté » dans un sens un peu particulier. Être libre, c'est être libre vis-à-vis de ce qui vous arrive. Être libre, c'est être libéré du souci. Être libre, c'est ne pas être esclave d'inquiétudes, de préoccupations, ni même de désirs et de projets. Être libre, c'est prendre la vie avec une certaine désinvolture.

Je le sais bien, ce mot, « désinvolture », tout comme le mot « indifférence », a quelque chose d'inquiétant et même de péjoratif. Être désinvolte, cela veut souvent dire « ne pas être sérieux ». D'ailleurs, le mot « désinvolture » vient de l'italien, c'est tout dire ! Ces gens ne sont pas sérieux ! Et pourtant, la désinvolture, c'est bien une forme de liberté. Le mot vient du latin *volvere* qui signifie « faire rouler, dérouler ». La désinvolture, c'est faire rouler (ou dérouler) sous ses pieds, les convenances, les obligations et aussi les soucis et les préoccupations du sérieux de la vie, c'est-à-dire tout ce qui est lourd à porter et à supporter. La désinvolture, c'est faire rouler à ses pieds et sous ses pieds tous les « qu'en dira-t-on », toutes les appréhensions et tout ce qui est « grave » (c'est-à-dire « lourd »). Et, rappelons-le, « la gravité, c'est le bonheur des imbéciles [1] » et peut-être aussi « le bouclier des sots ».

La liberté, la désinvolture, et même l'espérance, c'est dire : « Ce n'est pas si grave que cela, on s'en remettra. Qui vivra verra, à Dieu vat. »

Le bonheur, c'est donc bien une attitude de détachement et c'est aussi une forme d'*humour* [2]. L'humour, c'est une sorte de sursaut de défense devant les agressions du monde extérieur.

L'humour, c'est une forme de liberté qui vous fait dominer l'embarras (mais sans d'ailleurs pour autant vous tirer d'affaire réellement !). Mais l'humour, par rapport au détachement, ajoute un élément qui est celui d'une forme de jouissance. L'humour triomphe de la banalité, du tragique et même du traumatisme de la vie par une forme de dégustation qui est celle du plaisir, ce plaisir étant celui de la lucidité et de la liberté. « L'humour est la politesse du désespoir [3]. » Et c'est pourquoi, sans être une forme d'espérance, il est cependant, à tout le moins, une domination du désespoir.

---

1. Sentence attribuée à Montesquieu.
2. Avoir de l'humour, dans son sens le plus originel, c'est être en porte à faux et en déséquilibre lorsque l'une de ses « humeurs » au sens physiologique l'emporte sur les autres.
3. La formule est attribuée à Wilde, à Giraudoux, à Georges Duhamel et à Boris Vian !

L'humour, tout comme l'espérance, a une dimension métaphysique. L'espérance, c'est relativiser les aléas du présent et de l'histoire d'aujourd'hui en les replaçant sous les auspices de l'espérance du Royaume. Et l'humour, de la même manière, c'est regarder le réel de haut, par une sorte de survol, comme si on le voyait par le gros bout d'une lorgnette. Ainsi, c'est minimiser le réel en le considérant à l'aune du sourire de l'éternité.

Le sens de la gratuité

La troisième vertu de mon petit traité de savoir-vivre, c'est le sens de la gratuité. Et je voudrais considérer ce *sens de la gratuité* et du *désintéressement* comme l'analogue profane de la troisième vertu théologale : l'amour, c'est-à-dire la charité.

La notion d'acte gratuit est bien l'analogue de l'amour-charité parce que l'amour-charité, au sens du Nouveau Testament, est fondamentalement un acte gratuit et désintéressé. C'est là en effet la spécificité de « l'*amour-agape* » du Nouveau Testament par rapport à l'amour-*eros* et même de l'amour-*philia*. L'amour tel que l'enseigne Jésus-Christ, c'est toujours une forme de sacrifice de son intérêt propre. L'amour est désintéressé. L'amour, c'est une forme de don gratuit, de don « pour rien ».

Et c'est pourquoi, à mon avis, l'analogue profane de l'amour dont parle le Nouveau Testament, c'est le sens de la gratuité. Et ce sens de la gratuité, cet amour du « pour rien », c'est l'une des formes du bonheur.

Et cette vertu de la gratuité et du désintéressement, je voudrais la caractériser par un verset du livre de l'Ecclésiaste (11, 1) : « Jette ton pain à la face des eaux. »

Il y a là, dans ce seul verset, tout ce qu'implique l'idée de gratuité et celle de don.

« Jette ton pain à la face des eaux. » Apparemment, ce verset évoque le geste du semeur. Il semble dire : « Dès le matin, sème ta semence. » Mais, en fait, il n'en est rien. Parce que, lorsque l'on sème une semence, on ne la sème pas « pour rien », on la sème pour pouvoir récolter. Et, au contraire, jeter son pain à la face des eaux, cela paraît plutôt un gaspillage. C'est un acte gratuit, de générosité fastueuse, c'est une forme de don libre et désintéressé.

« Jeter son pain à la face des eaux », c'est avoir le sens de la gratuité, du « pour rien ». Et, pour apprendre à être heureux, il faut apprendre à agir pour rien, à donner pour rien, à recevoir pour rien, à vivre pour rien.

Oui, ami lecteur, « jette ton pain à la face des eaux ». Donne-toi la grâce de vivre, tout comme le font les oiseaux du ciel qui ne sèment ni ne moissonnent et qui se donnent au ciel et à la lumière par amour de la vie, gratuitement, pour rien, sans réserve ni retenue. Oui, offre-toi à la vie, à la grâce de vivre et de t'épanouir, tout comme le font les lis des champs qui ne peinent ni ne filent et qui s'offrent et se donnent pour rien, par beauté pure, sans savoir pourquoi, sans demander pourquoi.

Oui, lance ta vie au vent et à la lumière. Fais-en une offrande et un hymne en l'honneur de la Vie qui te donne cette vie. Oui, c'est cela la vie. La vie c'est du pain qui, sans que nous sachions pourquoi, nous est lancé à la volée. Et il nous faut le saisir à la volée et le lancer ensuite, nous-mêmes, à la volée.

Il nous faut aimer la vie sans savoir pourquoi, oublier l'offense de l'ingrat sans savoir pourquoi, mettre au monde des enfants sans savoir pourquoi, retrouver sa lune de miel à cinquante ans passés sans savoir pourquoi, raconter sa part de rêve à ses petits-enfants endormis sans savoir pourquoi, et enfin quitter ce monde sans savoir pourquoi en disant seulement comme l'Ecclésiaste : « La lumière est douce et il est agréable à mes yeux de voir le soleil. »

Il nous faut vivre pour rien, aimer pour rien et dépenser notre vie pour rien. La vie est faite pour être lancée, dépensée, donnée comme une offrande et un geste gratuit. La vie est faite pour être vécue pour rien, pour la seule gloire de la grâce qui nous la donne.

Nous avons le droit de jouir de la vie sans avoir besoin de trouver une justification ou une raison de vivre. La vie est une grâce à laquelle nous avons droit, gratuitement, sans raison, sans que nous ayons à produire des justificatifs, des diplômes de vertus ou des brevets prouvant que nous sommes d'utilité publique et indispensables aux autres.

À mon sens, le premier et le dernier mot du savoir-vivre et de l'art d'être heureux, c'est ce sens de la gratuité et même de l'inutilité. Et si nous n'arrivons pas à nous en convaincre, il nous suffit de regarder le ciel, le soleil et les autres étoiles. Les astres et les soleils sont comme des émaux et des rubis jetés à la face de la nuit. Et ils sont semés pour rien, lancés pour rien, et ils brillent pour rien. Ils naissent et ils meurent pour rien. L'Étoile du berger se demande-t-elle pourquoi elle se lève au crépuscule et Vénus se demande-t-elle pourquoi elle resplendit encore à l'aube ? Certes non ! Elles sont là par grâce et elles se donnent par grâce, gratuitement. Pourquoi aurions-nous plus de prétention ?

Ainsi, au-dessus de toute chose et de toute vie, au-dessus des astres et des merveilles, au-dessus de chacun de nous, il y a le ciel d'une générosité gratuite, jetée à la volée, il y a le ciel qui lance le pain de la vie à la face des eaux du monde et de la vanité de toute chose. Et ce pain de la vie, il nous faut en profiter pour rien, sans raison ni justification.

Pour moi, le propre de l'homme, sa dignité propre, c'est son aptitude à la gratuité, au geste inutile, au « pour rien », au « même si c'est absurde ». Il me semble indispensable que notre attitude devant la vie, devant les autres et devant nous-mêmes reste une attitude désintéressée, une attitude de don et de gratuité.

J'ai peur que ce sens de la gratuité, du « pour rien » et du « pour l'absurde », ne soit en train de se perdre dans un monde fondé sur le profit, la concurrence, le marchandage, la réussite et la promotion personnelle.

À mon sens, s'il doit rester une seule chose du christianisme, c'est le sens de la gratuité désintéressée. Vivre, donner, recevoir et même renoncer « pour rien », même si c'est absurde. Et j'ajoute même : parce que c'est absurde, parce que cela ne sert à rien.

Ainsi, pour être heureux, ces trois choses importent : d'abord le sentiment d'être en confiance, ensuite l'insouciance et la désinvolture, et enfin la joie de vivre « pour rien », par simple amour de la vie. Mais la plus nécessaire des trois, c'est l'amour de ce qui est sans justification et sans raison, c'est l'amour de la vie.

Présentation des auteurs

JACQUES ARNOULD

Dominicain et théologien catholique, est chargé de mission au Centre national d'études spatiales. Il est l'auteur chez Albin Michel de *La Marche à l'étoile* (2006) et de *Dieu versus Darwin* (2007).

PAUL-LAURENT ASSOUN

Psychanalyste et professeur à Paris-VII, est notamment l'auteur du *Temps et moi : psychanalyse et ontologie* (avec J. Ponnier, Economica, 2006), de *Psychanalyse* (PUF, 2007) et de *Leçons psychanalytiques sur le masochisme* (Anthropos, 2007).

HUBERT AUQUE

Psycho-anthropologue, professeur à la faculté protestante de Paris, a notamment publié, chez L'Harmattan, *Je vous écris de Salamanca* (2005), *José (Joselito)* (2005) et *Je peux m'asseoir à côté de vous...* (2006).

LYTTA BASSET

Pasteur et professeur de théologie, a publié chez Albin Michel *« Moi, je ne juge personne »* (1998), *Guérir du malheur* (1999), *Le Pouvoir de pardonner* (1999), *La Joie imprenable* (2003) et *Ce lien qui ne meurt jamais* (2007).

BERNARD BESRET

Docteur en théologie, a publié, chez Albin Michel, *Confiteor* (1996), *Manifeste pour une renaissance* (1997) et *Du bon usage de la vie* (2006).

François Bizot

Écrivain, a publié *Le Portail ; naissance d'un bourreau* (Talents hauts, 2006) et *Le Saut du varan* (Flammarion, 2006).

Guy Coq

Philosophe, est l'auteur de *La démocratie rend-elle l'éducation impossible ?* (Parole et Silence, 1999), *Petits pas vers la barbarie* (avec I. Reichebé, Presses de la Renaissance, 2002) et *Dix Propositions pour une école juste* (Desclée de Brouwer, 2007).

Eugen Drewermann

Théologien catholique, a notamment publié chez Albin Michel *Fonctionnaires de Dieu* (1995) et *Dieu en toute liberté* (1997).

Sylvie Germain

Écrivain, a publié chez Albin Michel *Célébration de la paternité* (2001), *Magnus* (2005) et *Les Échos du silence* (2006)

André Gounelle

Pasteur et théologien, est l'auteur de *Penser la foi : pour un libéralisme évangélique* (Van Dieren, 2006) et *Dans la cité : réflexions d'un croyant* (Van Dieren, 2002), entre autres titres.

Jean-Paul Guetny

Journaliste et écrivain, a publié chez Albin Michel *Meurtre au presbytère* (1998) et *Poison pour l'éternité* (2001) ; il a également codirigé *Le Grand Livre de la mort à l'usage des vivants* (2007).

Marek Halter

Écrivain, romancier, est notamment l'auteur du *Vent des Khazars* (Pocket, 2003), de *La Bible au féminin* (3 vol., Robert Laffont, 2004) et de *La Mémoire d'Abraham* (Pocket, 2005).

Alain Houziaux

Pasteur de l'Église réformée de France. Il organise les Conférences de l'Étoile. Parmi ses autres ouvrages, chez Albin Michel : *Vingt idées pour le*

XXIe *siècle* (2001), *Entre sagesse et passions* (2006), *Dix questions simples sur la vie* (2007), *Dix questions simples sur Dieu et la religion* (2007).

Michel Lacroix

Philosophe, est notamment l'auteur du *Culte de l'émotion* (Flammarion, 2001), *Le Mal* (Flammarion, 2002) et de *Peut-on changer ?* (avec O. Abel et G. Gilbert, L'Atelier, 2004).

Jean-Yves Leloup

Théologien orthodoxe, est publié chez Albin Michel. Parmi ses derniers titres : *Un homme trahi* (2005), *« Notre Père »* (2007) et *La Montagne dans l'océan* (2007).

Gérard Miller

Psychanalyste, auteur entre autres de *Minoritaire* (Stock, 2001), *Après la colère* (LGF, 2001), *Psychanalyse six heure 1/4* (Le Seuil, 2001) et *Hypnose, mode d'emploi* (Stock, 2002).

Georges Moustaki

Chanteur et poète, a aussi écrit, entre autres, *Petite Rue des bouchers* (LGF, 2002), *Un chat d'Alexandrie* (De Fallois, 2002) et *Sept contes du pays d'en face* (Actes Sud, 2006).

Daniel Sibony

Psychanalyste et mathématicien. Parmi ses derniers ouvrages : *Nom de Dieu* (Le Seuil, 2006), *Le Peuple « psy »* (Balland, 2006), ou encore *L'Enjeu d'exister : analyse des thérapies* (Le Seuil, 2007).

Ysé Tardan-Masquelier

Spécialiste des religions de l'Inde, enseigne à la Sorbonne, à l'Institut catholique de Paris et à l'INALCO. Elle dirige la collection « Planète Inde » chez Albin Michel et a en outre publié *Jung et la question du sacré* (1998), *L'Esprit du yoga* (2005) et *Un milliard d'hindous* (2007).

DENIS TILLINAC

Écrivain et éditorialiste. Parmi ses derniers titres : *Le Dieu de nos pères : défense du catholicisme* (Bayard, 2004), *L'Ange du désordre* (Robert Laffont, 2006) et *Parcours d'un combattant* (avec l'abbé Houard, Presses de la Renaissance, 2006).

« *Espaces libres* »

au format de poche

DERNIERS TITRES PARUS

120. *Religions en dialogue*, de J. MOUTTAPA.
121. *Le Courage de se libérer*, de P. et P. FENNER.
122. *Histoire des dalaï-lamas*, de R. BARRAUX.
123. *Du Sahara aux Cévennes*, de P. RABHI.
124. *Aux sources du zen*, d'A. LOW.
125. *Le Curé de Nazareth*, d'H. PROLONGEAU.
126. *L'Évangile d'un libre penseur*, de G. RINGLET.
127. *Le Courage de vivre pour mourir*, de N. MASSON-SEKINÉ.
128. *Quand la conscience s'éveille*, d'A. DE MELLO.
129. *Les Fables d'Ésope*, de J. LACARRIÈRE.
130. *L'Esprit des arts martiaux*, d'A. COGNARD.
131. *Sans les animaux le monde ne serait pas humain*, de K.L. MATIGNON.
132. *L'Arc et la Flèche*, d'A. DE SOUZENELLE.
133. *Adieu, Babylone*, de N. KATTAN. Préface de M. TOURNIER.
134. *Le Gardien du feu*, de P. RABHI.
135. *La Prière parallèle*, de C. PAYSAN.
136. *Dieu a changé d'adresse*, d'O. VALLET.
137. *La Danse de la réalité*, d'A. JODOROWSKV.
138. *Le Courage de changer sa vie*, d'A. DUCROCQ.
139. *Le Maître de nô*, d'A. GODEL.
140. *Les Fleurs de soleil*, de S. WIESENTHAL.
141. *Khalil Gibran*, de J.-P. DAHDAH.
142. *Ces ondes qui tuent, ces ondes qui soignent*, de J.-P. LENTIN.
143. *Les Dix Commandements intérieurs*, d'Y. AMAR.
144. *Guérir l'esprit*, collectif avec J.-Y. LELOUP, F. SKALI, Lama D. TEUNDROUP.
145. *La Quête du sens*, ouvrage collectif.
146. *La Foi ou la nostalgie de l'admirable*, de B. VERGELY.
147. *Traversée en solitaire*, de M.-M. DAVY.
148. *Éloge de la fragilité*, de G. RINGLET.
149. *L'Échelle des anges*, d'A. JODOROWSKY.
150. *Petite grammaire de l'érotisme divin*, d'O. VALLET.
151. *La Troisième Voie*, de D.E. HARDING.

152. *Le Rire du tigre*, de M. DE SMEDT.
153. *L'Effort et la Grâce*, d'Y. AMAR.
154. *Appel à l'amour*, d'A. DE MELLO.
155. *L'Homme intérieur et ses métamorphoses*, de M.-M. DAVY.
156. *Dictionnaire de la symbolique des rêves*, de G. ROMEY.
157. *Le Christianisme en accusation*, de R. RÉMOND et M. LEBOUCHER.
158. *Entre désir et renoncement*, M. de SOLEMNE avec J. KRISTEVA, R. MISRAHI, S. GERMAIN et DAGPO RIMPOCHE.
159. *Sadhana, un chemin vers Dieu*, d'A. DE MELLO.
160. *L'Amour comme un défi*, de S. ROUGIER.
161. *Du bon usage de la vie*, de B. BESRET.
162. *La Grâce de solitude*, M. de SOLEMNE avec C. BOBIN, J.-M. BESNIER, J.-Y. LELOUP et Th. MONOD.
163. *Le Meneur de lune*, de J. BOUSQUET.
164. *Vivre l'islam*, du Cheikh K. BENTOUNÈS.
165. *Méditation et psychothérapie*, ouvrage collectif.
166. *Les Échos du silence*, de S. GERMAIN.
167. *Aimer désespérément*, M. de SOLEMNE avec A. COMTE-SPONVILLE, É. KLEIN, J.-Y. LELOUP.
168. *Entre sagesse et passions*, ouvrage collectif dir. par Alain HOUZIAUX.
169. *Écologie et spiritualité*, ouvrage collectif.
170. *L'Évangile des païens, une lecture laïque de l'évangile de Luc*, d'O. VALLET.
171. *Simone Weil, le grand passage*, dir. par F. L'YVONNET.
172. *Histoires d'humour et de sagesse*, d'A. de MELLO.
173. *L'Avenir de l'homéopathie*, de C. BOIRON.
174. *Qu'Allah bénisse la France*, d'ABD AL MALIK.
175. *Soigner son âme*, de J. VIGNE.
176. *La Sagesse des contes*, d'A. JODOROWSKY.
177. *Innocence et culpabilité*, de M. de SOLEMNE, avec P. RICŒUR, S. ROUGIER, Ph. NAQUET et J.-Y LELOUP
178. *Petite méthode pour interpréter soi-même ses rêves*, d'H. RENARD.
179. *Cheminer, contempler*, de M. JOURDAN et J. VIGNE.
180. *Le Visage du vent d'est*, de K. WHITE
181. *Petit lexique des mots essentiels*, d'O. VALLET
182. *Lettres sur la méditation*, de L. FREEMAN
183. *Dix questions simples sur Dieu et la religion*, d'A. HOUZIAUX.
184. *Dix questions simples sur la vie*, d'A. HOUZIAUX.

185. *Les Nouveaux Penseurs de l'islam*, de R. BENZINE.
186. *Au dernier survivant*, de D. FARHI.
187. *Schizophrénie culturelle. Les sociétés islamiques face à la modernité*, de D. SHAYEGAN.
188. *Apprendre à être heureux*, ouvrage collectif dirigé par A. HOUZIAUX.

Composition Nord Compo
Impression Bussière, janvier 2008
Éditions Albin Michel
22, rue Huyghens, 75014 Paris
www.albin-michel.fr